比較文化学

—日本・中国・世界—

藤田昌志 著

朋友書店

はじめに

本『比較文化学―日本・中国・世界―』は日本と中国を基礎として、更に世界の文化を比較しようとする比較文化学の書である。もっとも「世界」というのは、**第五章　ベネディクトの日本論**、**第六章　自然観に関する比較文化学的研究―西洋・中国・日本について―**がその端緒で、いまだ未完成である。更なる研究の深化は、後続の比較文化学者に託したい。日本と中国を基礎とする比較文化学の書と言った。その意味は、厳密には、日中対照表現論、日中対照語学を基礎として、日中比較文化学を構築するということである。**第一章　新外国語教育論―比較文化学の視点―**では対照言語学を基礎とした新外国語教育論について述べた。(日中)対照表現論を基礎とすることに関係する論文である。**第二章　えびす等福神名の付く京都市町名について―日本(人)論との関係で―**は地名から見た日本と中国、インドに関係の深い七福神名の付く京都市町名についての論文である。筆者はかつて語源研究、地名研究に興味を持ったことがあり、その際の成果である。**第三章　『日本文化論』の研究**では日本文化論について詳しく論じた。**第四章　中国「反日」論と日本「反中」論**では日本と中国の相互の「反〇」論について相対化して論じてみた。**第五章　ベネディクトの日本論―人と『菊と刀　日本文化の型』の比較文化学的考察―**は既に述べたように「世界」の比較文化の端緒としての、ベネディクトの日本論について論じたものである。**第六章　自然観に関する比較文化学的研究―西洋・中国・日本について―**も世界の比較文化の例で、従来の論をまとめたものである。ここから後は読者諸賢が比較文化学の論文や文章を書かれる番である。その際、言語の対照研究を基礎におかれるなら、客観性の欠如という従来の比較文化論の陥穽には陥らないであろうと思う。

以上が本書のあらましである。

グローバリゼーションは世界の平等化を推進するよりは、富の圧倒的な偏りと国家主義の新たな台頭を現出した感がある。敵を外部に仮想し、内なる矛盾を隠蔽するのは悪しきナショナリズムの常套手段である。自文化と他文化の意識的把握、自文化の相対化、自文化と他文化を対等に慈しむ気持ちで見る視点が今ほど必要な時はない。本『比較文化学—日本・中国・世界—』を世に送り出すゆえんである。

比較文化学は分析の学というよりは総合の学である。総合の学の客観性を保証するために筆者は母語と外国語の対照語学、対照表現論を基礎においている。あわせて筆者の日中対照表現論関係の著作、日中対照表現論三部作である拙著（二〇〇七）同（二〇一三）同（二〇一七）も読んでいただければ幸いである。比喩的に言えば、言語の対照研究は比較文化学の「物質的基礎」である。

著　者　識《しる》す

目　次

第四章　中国「反日」論と日本「反中」論……83

比較文化学

―日本・中国・世界―

藤田昌志著

第一章　新外国語教育論―比較文化学の視点―

一　序

本「新外国語教育論―比較文化学の視点―」は二で現在、行われている外国語教育の現状と問題点を明らかにし、**三　新外国語教育論**　として三―〇で従来の外国語教育の問題点の改善について論じ、三―一　**新外国語教育論**では、三―一―一　**外国語教育の目的―比較文化学の構築―**　で外国語教育の目的を比較文化学の構築に定め、三―一―二　**比較文化学と対照言語学**　では両者の関係を論じ、三―一―三　**対照言語学を基礎とした新外国語教育**　では対照言語学の視点から新外国語教育について論じる。筆者は日本語と外国語（中国語）の対照研究を基礎として（日中）比較文化学を構築し、その中で新外国語教育論を位置づける考えである。学習者の母語に習熟した（自らの母語を外国語としてみる能力を含む）教師が当該外国語教育を行うことを提唱するものである。「挨拶」の出来ない者が「挨拶」表現を教えるのは不誠実であるように、学習者の母語の少なくとも一つに習熟していない者が当該外国語を教えるのは不適切であると考える。

二　従来の外国語教育とその問題点―先行研究に代えて―

従来の外国語教育は専門研究のための外国語教育と一般教養のための外国語教育の二つに分けられる。外国語大学の外国語専攻では前者を行い、経済、経営、法学などの学部で一、二年生時に行われる週二コマの外国語教育は後者のそれである。専門研究のための外国語教育は週に五、六コマ授業を行い、一定の水準を保っていると思われるのでここでは措く。問題は一般教養のための外国語教育で、週に二コマしか行われず、母語の水準としては小学校低学年レベルであり、そのこと自体を問題にせずに行われてきたことが、そもそもの問題である。これは筆者が日本語を二〇年以上、中国語を一〇年以上教える中で気付いたことで、外国語教育といっても一般教養のための外国語教育が母語としては低レベルであることはまず最初に認識しておく必要がある。

一般教養のための外国語教育では発音、語彙、文法、文型、会話の基礎を週二コマの授業で身につけさせようとするが、多くの場合は教師の説明と「発音」「文」「会話」の音声的模倣が中心となり、知的内容は稀薄である。次から次へと新しいことを教えられるので学習者は理解、模倣による発話、再現をこなすのでやっとであり、中国語を例にして言うと、一年が終わった時点で（たった年一五コマ×二人の教師＝三〇コマの授業であり、専門研究のための外国語教育なら一ヶ月少しぐらいの授業コマ数である）発音が一応できるのは受講学生の一〇分の一である。そもそも学習者に外国語習得の適性があるのかどうかということを問うこともなく、教師自らが当該外国語学を修めるか、自学自習で基礎的知識を持っていることも少ないという条件ではそうした結果となってもやむをえないと言えよう。

一般教養のための外国語教育の根本的な問題は、その目的があいまいで、しないよりはした方がいいだろうという考えに支えられていて、レベルが母語としては小学校低学年程度に設定され、更に中級、上級というグランドデザインの下に位置づけられていないことにある。

次に筆者の場合に即して、日本の日本語教育と中国語教育を通して外国語教育の問題点を具体的に考えてみることにする。

まず外国語教育としての日本語教育であるが、昨今の中国語教育で反転授業ということの言われる三五年以上前から日本語教育では、文法事項などは学習者が自習してきて、教室では文型練習、タスク、ディスコースの練習などがくり返され、一時間の授業でも一〇回位、当てられるのが一般的である。つまり、そこでは会話中心の授業が行われているのである。音声重視と言ってもよい。毎日五時間、週五日、三ヶ月で三〇〇時間学習し、一応、基礎的な会話ができるようになる。日本語教育の基本、主流はこの初級教育にある。現在では中級、上級の日本語能力試験も行われているが、初級終了後の日本語教育は中国語話者への日本語教育と中国語話者以外への日本語教育に分けて考える必要がある。前者は中国で専門で日本語を学んできた者や日本で日本語学校で日本語を学んできた者が最近は多く、総学習時間が多く、日本文化などの教養科目を通して語彙、表現を拡充し専門へ進む際の日本人の普通持っている基礎知識を身につけるようにすべきであろう。日本の歴史や地理の知識も重要である。中国語話者以外の日本語教育については、非漢字系の大半は漢字学習に時間を要することから、会話は流ちょうにできても新聞や新書を読めるレベルには程遠いことから、また授業コマ数にも限界があるので語彙、表現、漢字を段階的に学べる自習教材の作成が喫緊の課題である。（筆者はすでに語彙・表現については中級・上級のものを作成済みである(二)）。

中国語教育については一般教養としての中国語教育として週二コマの授業を続ける限り、母語としては小学校低学年程度のレベルの授業しか行えず、検定試験を整備して、ある程度の試験のための中国語学習は行われるようになっているが、専門研究のための中国語教育レベルとの乖離は大きい。

従来の日本語教育では音声、会話中心であることから知的内容があまりないことが問題となるし、従来の一般教養としての中国語教育ではそのレベルが問題となる。最近は一般教養としての外国語教育をやめ、当該言語地域の社会と文化という科目を設定し、その中で当該外国語の発音や文法をほんの少し、初歩的なものだけ教えるということも試みられるようになっているが、外国語教育としては後退していると言わざるを得ない。

三　新外国語教育論

三—〇　従来の外国語教育の問題点の改善

従来の外国語教育、なかんづく一般教養のための外国語教育は到達目標が母語としては小学校低学年レベルに設定されていて、教える教師も当該外国語学の知識を持っていないことが多いことが問題点として挙げられることは既に述べた。

では問題点の改善のためにはどうすればいいのかというと、そもそも外国語教育は何のために行うのかという根本的な問いを投げかける必要がある。低レベルの外国語学習でも学習者の視野を広げ、教養を高めるという従来の情緒的目標設定、大義名分こそが問い直されなければならない。では、何のために外国語教育を行うのかと言えば、次に述べる比較文化学の構築のために、その基礎として対照言語学を行う、その対照言語学の教育の一環として外国語教育を行う、というのが筆者の考えである。母語と外国語、母語の文化と外国語の文化の両方を視野に入れるということである。

三—一　新外国語教育論

三—一—一　外国語教育の目的—比較文化学の構築との関係で—

最終目標は比較文化学の構築である。より詳しく言うと、母語の文化と当該目標言語の文化の比較による比較文化学の構築である。比較文化学とは自文化と他文化の比較を行うものであり、自文化から他文化を見る眼とともに他文化から自文化を見る眼を培う学である。対照言語学と同様に自文化、他文化の関係を対等に見ることによって、文化の対等観を養う学である。

そもそも外国語教育は何のために行うのであろうか。現在、主流の英語教育について以下、考えてみたい。日本では中学校一年から英語教育を行い、最近は小学校でも英語教育を行う趨勢にある。もっとも中学校の外国語（英語）は制度上は二〇〇二年まで選択教科であった。[二]一九四七年の新制中学発足から二一世紀初めまで五〇年以上の長きに亘り、中学校の英語は履修が自由な教科だったのである。現在の必修科目である国語や体育などのほとんどが一九四七年の時点ですでに必修科目であった中で、英語が選択科目であった理由は、その必要性の低さにあった。必要性に個人差の大きい英語は生徒・保護者・地域の希望に任せるべきだとされたのである。英語は戦後初期、名実ともに「選択科目」だったのである。それが一九五〇年代・六〇年代に履修率が一〇〇%に達し、事実上の必修化が完了する。それが事実上の必修科目となった「英語」の歴史である。

事実上の必修科目に英語がなったのは一九五〇年代・六〇年代になって英語使用のニーズが、急増したからではなく、むしろ英語それ自体とは一見無関係な要因が事実上の英語必修教科化へのアップグレードを生みだした。その要因としては、高校入試制度の変更、高校進学率の上昇、団塊の世代の入学・卒業に伴う生徒数の急変動およびそれに伴う教員採用の変化、（戦後型）教養主義の中学校英語現場への浸透、「科学的に正しい」第二言語教育・学習理論のブーム、戦後民主主義の退潮、農業人口の減少などが挙げられる。こうした英語教育にとって外在的な要因が事実上の英語の必修化に大きな役割を果たしたと寺沢（二〇一五）は述べている。

現在、かまびすしい「英語使用ニーズの増加」というムーディーな日本社会の趨勢も、少なくとも日本社会全体には決してあてはまらない。[三]この趨勢、説明は英語を重視する少数の例外的な企業の動向を日本社会の平均像と混同してしまった結果だと考えられる。実態と乖離したこの言説が日本社会に浸透しているのは「ビジネス界にとって『英語ニーズの増加』という前提を受け入れておくのは都合がいい」からである。なぜなら、グローバル企業であることは企業のプラスイメージになり、英語ニーズの増大を喧伝し、それに対応している自社の姿勢を示すことは、株主や消費者への大きなアピールとなるのである。この言説はビジネス英語教育を学校教育に肩代わりさせる大義名分にもなる。（最近は日本語教育でもそれをまねてビジネス日本語教育などを考え始めている。日本語教育は英語教育の模倣と言っても過言ではないであろう）。

又、政府にとっても「英語使用ニーズの増加」という言説は都合がいい。なぜなら「企業や就業者の英語力が低く、グローバル化に対応できていなかったから経済が停滞した」と「弁明」できるからである。一九九〇年代末に深刻な金融危機・経済危機に見舞われた韓国では、国民の英語力不足が徹底して経済不振のスケープゴートにされた。「英語使用ニーズの増加」言説は実態を正しく反映していない、ビジネス界や政府の特定利益にかなうものであり、きわめてイデオロギー性の強い言説であると言える。

英語教育は言うまでもなく、外国語教育の目的が企業や政府の特定利益にかなうことに置かれてきたことは、すべてではなくても外国語教育の目的の一部、又は大部分であった。そのことは外国語教育の目的の歴史として知っておく必要がある。

要するに従来の外国語教育は個人、企業、国家の「利」益のために行われてきたと言っても過言ではない。それに対して、外国語教育の窮極の目的を比較文化学の構築に置くことは、「義」や「平等性」の実現を目指すことに通じる。

比較文化学とは自己の相対化や文化の平等性を目指すものである。筆者の場合に即して言うと、日中比較文化学であるが、それは日本から中国を見て、中国から日本を見るという双方向の視点によって、自己を相対化し、日本文化、中国文化の双方を平等に認識、評価する学である。大正時代の吉野作造や内藤湖南にはその視点がある。我々は過去の比較文化学に学ぶべきである。従来、比較文化論が重んじられなかったのは比較文化論の客観性が危い面が存在したからである。印象批評や客観性のないもの、あいまいなものは「学」として成立しないであろう。

比較文化学の客観性を保証するのが、筆者は対照言語学であると思う。以下、比較文化学と対照言語学の関係に論を進めることにする。

三―一―二　比較文化学と対照言語学

本来、「比較」と「対照」は似て非なるものである。言語研究において「比較」が同系統の中で行われるのに対して、「対照」は異なった系統のものについて行う。たとえば、言語の「比較」にはロマンス諸語（イタリア語、フランス語、スペイン語等）の比較（研究）がある。しかし、日本語と中国語の研究は対照研究と言う。ベース、系統が異なる（日本語は膠着語、中国語は孤立語の特徴が顕著であるという意味でベース、系統が異なる）からである。もっとも自らの専門を「日中比較語学」という人もいるから（その人は日本語と中国語の語、語彙の成り立ちの関係を研究していて、日本語と中国語の語、語彙の影響関係を視野に入れているので、その意味ではベースが共通しているとも言える）現実にはそんなに簡単に分けることはできないが、一応、常識に従って分けておく。筆者はそうした意味での日中対照語学を専門の一つとしている。(四)

では比較文化論、比較文化学と対照言語学はどういう関係にあるのか。その前に比較文化論・について述べておきたい。比較文化については東京大学に比較文学比較文化という専門があり、日本比較文化学会という全国組織の学会もある。前者は比較文化のエリート集団といった感があり、芳賀徹、平川祐弘《すけひろ》・小堀桂一郎、張競、小谷野《こやの》敦《あつし》といった人たちを輩出している。後者は英語学、英文学を中心としているところがあるが、組織としてはしっかりしているので、今後、更に内容面で「比較」文化を深化、充実していくと、立派な学会になっていくであろう。比較文化は比較文学と関係が深く、欧米系の研究から派生した比較文学には、影響関係を主とするヨーロッパ型のものと、影響関係に限定しない、より自由なアメリカ型の比較文学がある。アメリカ型は何であれ、文学を「比較」すれば比較文学になるという感がする。言語の対照研究と似たところがある。比較文化論も比較文学のヨーロッパ型、アメリカ型の相違のように、影響関係を比較するものと、なんであれ制限をつけずに「比較」するものに大きく分かれるようである。比較文化論には一つアポリア（困難点）が存在する。客観性の立証が難しいというアポリアである。比較文化論の著書の著者が研究者でなく、留学経験者や評論家であることが多く、印象批評、個別的感想であることが多いことが比較文化論の客観性の立証を困難にし、その曖昧性を助長している。(五)

比較文化論の客観性のなさ、曖昧性を克服するのが比較文化学である。「学」という以上、体系性がなければならない。それでは比較文化学の体系性とは何か。

ここで「比較文化学と対照言語学はどういう関係にあるのか」という問題が浮かび上がってくる。比喩的に言えば言語は文化系研究の「物質的基礎」である。言語を使用しない非言語的な図像、映像も研究のツールになるであろうが、主たるものは言語である。比較文化学の基礎に「物質的基礎」としての言語の対照研究を置くのは理にかなっていることと言えよう。比喩的に言えば、理系の諸学の基礎に数学があるようなものと考えれば理解しやすいであろう。(六)もっとも英語の研究で言語の対照研究が不当に扱われるか、あまり重視されてこなかったことから、他の言語における対照研究もそれほど盛んではない。英語の研究動向は暗黙に他の言語研究に影響を与えるという本来、望ましくない傾向は厳として存在する。どの教養としての語学教科書も会話中心に構成され、第一課は自己紹介のトピックの下に構成されているのなどその証左であろう。アーミーメソッド（Army Method）を一般化したオーディオリンガルメソッド（Audio Lingual Method）（一九五〇年代）、コミュニカティブ・アプローチ（Communicative Approach）（一九七〇年代）など英語教育のトレンドは自立性のない、他の外国語教育に「はしか」のように伝播していった。グローバリゼーションはアメリカナイゼーションではないのに、似たような現象はすでに外国語教育の歴史において如実に顕現しているのである。話を元に戻すと、英語の研究で対照研究が盛んでないとしても、少なくとも筆者の専門の日本語と中国語に関しては日中対照言語学会が存在するし、今後、方法論の模索はあるであろうが、対照研究は更に深化していくことが予想される。日本語話者の中国語学習者、中国語話者の日本語学習者の増大がその深化を支える背景として存在している。

従来のタンデム方式の外国語学習が大きな成果を上げられなかったのは、当該外国語学習者が自ら母語を研究していなかったからである。日本語と中国語に関連してこの問題を考えてみると、従来、日本語話者中国語学習者は中国語学は勉強しても、自らの（母語である）日本語についての知識＝日本語学や日本語教育学に関する知識を持ちあわせておらず、中国語話者日本語学習者も日本語について勉強しても、中国語学についての知識を持ちあわせていなかった。そこに問題があった。つまり母語と目標言語の両方の知識を持ちあわせることによってはじめてタンデム方式の語学学習は実り多いものとなるのである。教養としての外国語教育の教科書も学習者の母語を意識した教科書にすることによって従来の外国語教育を乗り超えることが可能になるであろう。

三―一―三　対照言語学を基礎とした新外国語教育

以上によって、比較文化学の構築のために、その客観性を確保するために対照言語学を援用することが明確になったが、この項では対照言語学を基礎とした新外国語教育について具体的に、筆者の場合、つまり日本語と中国語、日本語教育と中国語教育の場合について以下、述べてみたい。

日中対照言語学は日本語から見た中国語研究と中国語から見た日本語研究の二つに大きく分けられる。前者は日本語話者への中国語教育に、後者は中国語話者への日本語教育に寄与するものである。

日本語を母語とする日本語話者への中国語教育から述べることにする。どこが新外国語教育であるのかというと、学習者の母語が日本語であること、学習者が日本語話者であることに焦点をあてるところが従来の中国語教育にない点である。

現在の教養としての中国語教育で行われる中国語教科書は画一的であることをもって特徴とすることができる。たとえば、まず最初に中国語の韻母（母音）、声母（子音）について教える。そこでアルファベットによる発音表記と実際のズレについての「ルール」「決まり事」を教えるが、学生の中にはいつまでたっても〝qù〟（第四声）＝〝去〟「行く」を「クー」とか「チュー」とか発音する者が半分以上いる。二回の授業で発音を終わらせ、第一課に入ると「自己紹介」というタイトルで第一課が始まる。これは英語教育の模倣の結果で、ドイツ語やフランス語でも、他のどの言語の教科書でも大てい、第一課は自己紹介である。

日本語話者対象中国語教育では、①加訳（日→中）②減訳（日→中）③転換（日→中）④意訳（日→中）に注意を払う必要がある[七]。

① 加訳（日→中）では、「数詞〝一〟＋量詞」の加訳、指示代詞の加訳、「具体性」の加訳、接続詞（中）、副詞（中）等の加訳――に注意を払うべきである。いずれも日本語表現では非明示なものが中国語表現では明示されるものであるから日本語話者中国語学習者には難しいグループの表現である。

②　減訳（日→中）では取り立て詞（日）や「ようだ」（比況）「そうだ」（様態）の減訳（日→中）について日本語表現の間接性・婉曲性との関連に注意し、アスペクト類の表現「〜ている」「〜てある」「〜てしまう」「〜ておく」の減訳についても言及すべきである。英語教育にも言えることであるが「〜ている」が常に"〜ing"に対応するわけではなく、中国語の〃正在〜〃〃〜着〃に対応するわけではない。こうしたことは学習者の母語との関係の研究、考察によって明らかになっていく性質の事柄である。

③　転換（日→中）では、受身関係では受身表現（日）→非受身表現（中）、非受身表現（日）→受身表現（中）の転換について日本語話者中国語学習者に教える必要がある。前者の方が後者より圧倒的に多く、それはとりもなおさず、日本語の方が中国語より受身表現の範囲が広いことを意味している。使役関係では非使役表現（日）→使役表現（中）、使役表現（日）→非使役表現（中）の転換について教え、前者の方が後者より多いことに言及し、それはとりもなおさず「何が何をどうさせた」かを明示するのを好む中国語と、そうでない日本語の相違に基づくことを日本語話者中国語学習者に具体例を通して教えることが肝要である。

転換（日→中）については受身文について「主客《しゅきゃく（かく）》転換」の問題があり、日本語が客語《きゃくご》（目的語）を中心とした表現になるのに対して、中国語が動作主（主語）を中心とした表現になる場合についても今後、使用動詞との関係等で教えていくべきであろう。

④　意訳（日→中）では間接的表現（日）→直接的表現（中）、非反語表現（日）→反語表現（中）、「逆から」の意訳（中）等について日本語話者中国語学習者に教えるべきである。間接的表現（日）→直接的表現（中）では、肉体部分の慣用句（日）の意訳（中）、抽象的表現（日）の意訳（中）、動作についての間接的表現（日）の意訳（中）といった下位分類のものについて、教科書で教えるようにした方がいい（八）。

日本語話者中国語学習者に対する中国語教育では以上のような①～④について注意を払った中国語教科書や中国語用例集を作成する必要がある。

中国語話者日本語学習者に対する日本語教育では、以下のことに留意すべきである。日本語話者中国語学習者がポジとすると中国語話者日本語学習者はネガとなり、その日本語教育と中国語教育もネガとポジ、（もしくはポジとネガ）の関係にある。相対的にではあるが加訳（日→中）は日本語話者中国語学習者がとりわけ注意すべき個所であり、減訳（日→中）は中国語話者日本語学習者が気をつけるべき個所である。母語にない目標言語の表現は普遍的に難しいものである。

日本語表現と中国語表現の相違について中国語教育、日本語教育両面で学習者の母語との関係で対照言語学的アプローチの教育を行うことは言語の平等観を培う上で非常に重要な課題である。

最後に日本語と中国語の誤用例研究について述べておきたい。(九) タンデム方式の外国語学習がうまくいかないのは、母語についての外国語学としての基礎的知識を持っていないからである。日本語話者中国語学習者、中国語話者日本語学習者がともに目標言語としての相手の言語だけでなく自らの母語についても外国語を見る視点で考察、研究したときに実り多いタンデム方式の外国語学習が可能になる。

中国語を母語とする日本語学習者の誤用については、次の四つの側面からアプローチを行うのがよい。このアプローチは他の言語を母語とする日本語学習者にも援用できるであろう。

一　中国語とそれに対応する日本語の表現形態が一対二（又は多）の関係にある誤用

二　日本語に対応する表現が中国語に明示的（explicit）に存在しない場合の誤用

三　中国語に対応する表現が日本語に明示的に存在しない場合の誤用

四　言語表現の習慣上、「転換」（日→中）という操作を行わないと「適切さ」（appropriateness）に欠け、はなはだしい場合には誤用となるもの

一の誤用例としては〝対于～〟（中）に対して「～に対して」「～にとって」等の表現が対応する場合が挙げられる。二の誤用例としては、日本語の助詞が明示的であるのに中国語が非明示な場合が挙げられる。三の誤用例としては中国語の〝的〟が日本語では表現されず、中国語話者日本語学習者が「ごはんを食べているの時、～」などの誤用例を産出する場合が挙げられる。四は「正誤」よりは「適切さ」の問題であるが、日本語の受身の動詞が中国語では使用できない場合（「生む」「来る」「行く」「座る」「頼る」「離れる」等）に、中国語話者がその受身の動詞を使えないことによって「適切」性を欠いた日本語文を産出する場合などが挙げられる。

日本語を母語とする中国語学習者の誤用例については、同様に以下の四点からのアプローチを行うのがよいであろう。

一　日本語表現と中国語表現の対応が一対二（又は多）の場合の誤用

二　中国語表現が明示的（explicit）で、対応する日本語表現が、非明示的（implicilt）な場合の誤用

三　日本語表現が明示的で、対応する中国語表現が非明示的な場合の誤用

四　日本語表現としては適切であるが中国語表現としては「適切さ」（approriateness）を欠く場合の誤用

詳しくは拙著（二〇一三）一〇一—一二二頁を御覧いただきたい。

四　結び

新外国語教育論は比較文化学の視点を導入することによって行われる。比較文化学の客観性保持のために対照言語学を基礎とし、その体系の中に学習者の母語を意識化した新外国語教育を行う。それが筆者の新外国語教育論である。従来、対照研究が盛んにならなかったのは第二言語習得研究が対照分析から誤用分析へ、更に中間言語分析の段階に移行していったことによるが、ありていに言えば英語のトレンドで重点を置かれなくなったことが大きく影響している。[一〇]「普遍性」の名の下《もと》に個別言語の「特殊性」＝個別性を尊重する考えが第二言語習得研究に存在するであろうか。筆者はそこにグローバリゼーションがアメリカナイゼーションの異名《いみょう》であるという現在の病巣と同種の闇を見出し、新外国語教育論を提唱するものである。

〔注〕

（一）藤田昌志（二〇〇四）、藤田昌志（二〇〇五）、藤田昌志（二〇〇九）a、藤田昌志（二〇〇九）b。
（二）寺沢拓敬（二〇一五）二四九頁。
（三）以下の「英語ニーズの増加」の虚妄性については寺沢拓敬（二〇一五）一九〇頁　による。
（四）藤田昌志（二〇一五）一—二頁。
（五）藤田昌志（二〇一五）二—四頁。
（六）藤田昌志（二〇一五）四頁。
（七）藤田昌志（二〇〇七）参照。
（八）藤田昌志（二〇〇七）iv—vii。

（九）　藤田昌志（二〇一三）iv―vii。
（一〇）　張麟声（二〇〇一）一三頁、三五頁、七一頁。

〔引用文献・参考文献〕

藤田昌志（二〇〇四）『語彙　表現（中級レベル☆エッセンスⅠ）』にほんごの凡人社
藤田昌志（二〇〇五）『語彙　表現（中級レベル☆エッセンスⅡ）』にほんごの凡人社
藤田昌志（二〇〇九）a『日本語　語彙　表現（上級レベル☆エッセンスⅠ）』三重大学出版会
藤田昌志（二〇〇九）b『日本語　語彙　表現（上級レベル☆エッセンスⅡ）』三重大学出版会
寺沢拓敬（二〇一五）『「日本人と英語」の社会学―なぜ英語教育論は誤解だらけなのか』研究社
藤田昌志（二〇一五）『日本の中国観Ⅱ―比較文化学的考察―』晃洋書房
藤田昌志（二〇〇七）『日中対照表現論―付：中国語を母語とする日本語学習者の誤用について―』白帝社
張　麟　声（二〇〇一）『日本語教育のための誤用分析―中国語話者の母語干渉20例―』スリーエーネットワーク
藤田昌志（二〇一三）『日本と中国語の誤用例研究』朋友書店

第二章　「えびす」等福神名の付く京都市町名について
—日本（人）論との関係で—

一　序

今を去ること五〇年余り昔、京都市中京区の竹間小学校（現在、こどもみらい館となっている）で東西の通り名を覚えるために次のような歌を教わった。テレビCMでも流れたことがあるから御存知の方も多いであろう。「丸竹夷二《まるたけえびすに》押《おし》御池《おいけ》、姉三六角蛸錦《あねさんろっかくたこにしき》、四《し》綾仏高松万《あやぶったかまつまん》五条《ごじょう》……」。三つめの「夷」は「夷川通り」のことで、教わった時には小学校低学年ということもあり、特に疑問に思うこともなかったが、語源＝ことばの由来に興味を持ち始めてから、どうして「夷（エビス）」という名が付いているのだろうと思っていた。そのことに興味を持ったのが本章作成の出発点となっている。

二　日本（人）論から見た地名研究

日本人は必要な外来事物を尊重して上手に受容して来た。遠くは飛鳥・奈良時代に仏教を受容する際に、日本土着の迷信打破の面と鎮護国家の法としての面の両方を中心として受容した。儒教についても、『孟子』の禅譲《ぜんじょう》放伐説《ほうばっせつ》（天子がその位にいられるのは天命を受けている間だけであり、天の信頼を失ったなら、その地位を去らなければならないという説）は採らず、『孟子』を積んだ船は中国から日本に向かっても海上で遭難するという伝説がまことしやかにささやかれた。中村元（一九八九）(二)は「日本人の思惟方法」として①与えられた現実の容認②人間結合組織を重視する傾向③非合理主義的傾向―をその特徴として挙げている。地名にもそうした日本人のある種の傾向が表れているのではないか。私はそうした日本人の持つ傾向（ベネディクト風に「日本文化の型《タイプ》」と言ってもいい）を地名研究を通して探りたいと思う。

本章で採りあげるのは―「えびす」等福神名の付く京都市町名―であるが、そのテーマを通して、以上、述べたような日本人の傾向を探りたいと思う。

まず「夷川通り」（中京区）の地名語源が問題になる。そして「夷」の語源、更に「えびす」「えびす」神の内容、「えびす」や他の福神名の付く京都市町名、そして他の福神と「えびす」神との関係などが問題となる。以下、各論に移る。

三　「えびす」の付く京都市町名について

三―一　「夷川通り」について

夷川通りについて『坊目誌』は「東は岡崎町字徳成地―俗に熊野道―に起り、西は堀川に至る。寺町以西は慶長七年二条城を築くを以て閉塞す」と記す。又、その名称については「天正以前小川の支流北より来り東流して西洞院川に合す。此僅少なる流域を夷川と称す。爾来街名と為る」と記している。更に宝暦一二年（一七六二）刊『京町鑑』には、「古老云、往古西洞院中御門今いふ椹木町に北山の下流あらはれ、又此辺に蛭子社有しゆへ恵比須川と号し、其後次第に人家建つづきしゆへに通の名とす。応仁乱に此社亡滅し川も埋れ侍りしが不思議に蛭子の尊像残り今六角堂の西隣不動院といへる寺に伝はり有中古より蛭子を夷に書誤れり」と夷川通の由来を記している。つまり「夷川」

とは昔、「蛭子社《えびすのやしろ》」があった川という意味で、「蛭子」が後に書き誤られて「夷」となったということになる。ここから次に「蛭子《えびす》」の由来、語源は何なのかという問題を解明する必要が生じる。

三―二　「えびす」について

吉井良隆（一九九九）「えびす神研究」によると、普通一般には「「えびす」は「えみし」すなわち蝦夷の転訛なり、とする説がほぼ定説化せられてきている」。また「平安末期に至り、えびすの語が独立語として盛んに用いられるようになると（筆者注：従来の「蝦夷（同化しない異民族）」を呼称する語として「えぞ」という言葉が生じてきて、同時に「えみし」より変化した「えびす」も独立語化し、意味上の変化が生じてきたこと）、一方、漢字の夷・蛮・戎・狄・辺などをえびすの文字にあてるようになり、漢字から受ける感覚にもとづき、みづから意味上に大きな変化をもたらすこととなり、蛮民・異族とかの観念から夷俘・俘囚（いずれも国語としてはえびすである）となり、やがて武士の代名詞ともなり、さらには猛々しく勇武なるものを指すようにまで変化をとげる」[二]ことになる。

「えみし」自体の語源については本居宣長が『古事記伝』で「蝦夷は延美斯《エミシ》なり、名ノ義は身に凡て長き鬚《ヒゲ》の多きを以て蝦《エビ》になぞらへたるなり」（伝二十七）と述べているが、ほとんど「仮定、憶測の域を出ない」[三]ものである。次に「えびす神」について少し考察してみる。吉井（一九九九）は「えびす神」について次のように言う。吉井（一九九九）によると「えびす神」＝「えびす様」の主祭神は①大国主神②事代主神《ことしろぬしのかみ》③蛭児《ヒルコ》（子）神である。①は②より多く、③は①②より古い。

『古事記』によると②事代主神は①大国主神の御子神であり「高天原《たかまがはら》より天孫降臨の露払いとして建御雷神《たけみかづちのかみ》らが遣わされた時、御大《みほ》の前《さき》（美保の岬）で鳥を射たり漁をしたりしてい」たが「国を譲るか否か、父の大国主神から回答

を任され、結果、天照大神への恭順を誓」う。(四)

③蛭児《ヒルコ》（子）神はえびす神の総本社である西宮神社の主祭神で、約半数のえびす社が蛭児神を奉斎している。伊邪《いざ》那岐《なぎ》・伊邪那美《いざなみ》の二神が国生み、神生みの際に蛭子を生んで、その子を船に載せ、流しやったという話は『古事記』『日本書紀』にある通りである。（『古事記』では国生みの際に、『日本書紀』では神生みの際に蛭子が生まれるという差はある）。「ヒルコ」の「ヒル」については「ヒルムの意で、痿へ撓む、萎縮する」意味とする白鳥庫吉の説や(五)「ひる」は「夜」に対する「昼」で「日」を意味し、「ひるこ」は「日女《ひるめ》」に対する「日子《ひるこ》」の意であるとする説がある。(六)

次田真幸（昭和四八）は「ひるこ」の概念内容について概括して次のように言う。「倉野博士の述べられたように「ひるこ」を太陽神とする信仰は日神大日孁貴《ひのかみおおひるめのむち》や天照大神の観念、信仰の成立よりも古いものと思われる。とすれば、「ひるこ」の本来有した太陽神的要素は、天照大神の観念によって吸収され代表されることとなって、「ひるこ」は「蛭児」の文字の示すような産み損じの不祥の子とされ、流し棄てられることになったものと考えるほかはないであろう」。(七)

蛭子は後世、夷神と混同され、兵庫県西宮市の西宮神社に祭られるが、「夷神」は漁業の守護神として広く漁民の間で信仰されていて、堀一郎博士は「エビスはその語源から見ても異郷からの来訪神、漂着民の意」であるとしている。(八)

次の文章は「ひるこ」についての総合的記述であると言えるであろう。「「ひるこ」の太陽神的な要素は、天照大神の信仰に同化吸収され、日神としての要素を喪失した「ひるこ」は、蛭子として、また脚の立たない不具の子という理由のもとに、海に放ち棄てられることとなり、神統譜からも除かれたものと考えられる。「ひるこ」が夷神の信仰と結合したのも、「ひるこ」が元来は太陽神として、船に乗って渡海する神と考えられたことによるのであろう。太陽神としての要素を失った蛭児は、海からの漂着神、来訪神としての夷神の信仰と合体することによって、広く漁民の信仰を集めたものである」（九）。

「えびす」神は古来、海の彼方《かなた》より幸をもたらす神として信じられていたが、室町期に成立した七福神信仰の中に日本唯一の神として加えられ、同時に市場神、商業神となった。更に近世に入ると、福の神「えびす・だいこく」とペアでもてはやされた（一〇）。

既引用のように夷《エビス》とは元来、異邦人の来訪神、漂着民の意と考えられるが、次の一文（鈴木（一九九九））（一一）はきわめて示唆的である。

> 日本人とはつくづく不思議な国民で一方で辺界の人々を「えびす（夷・戎）」と侮蔑しながらも、一方では同じ音を持って「えびす様」として福神に崇《あが》め奉ってきました。またイザナギ・イザナミの間に産まれた子ながら、手足の萎《な》えた骨のない蛭子《ひるこ》を、同じ「えびす」として習合する感覚も飛躍的な想像と言えるでしょう。おそらくは外来の漂着・客人《まろうど》であった「えびす」が我々の最も身近な福神に昇格するためには、貴種流離《きしゅりゅうり》を地で行く蛭子の存在が必要だったのかも知れません。

かつての日本人には善であれ悪であれ非日常的なパワー（力）のあるものにあやかり、そのパワーをわがものにしようとする考えがあったようである。御霊信仰はその代表的なものであり、それは非業の死を遂げた非日常的なパワーによって自らの願望も成就させようという考えである。「えびす」には海からの漂着神、来訪神としての側面があるが、それが動物であっても、非日常的でパワーのあるものであれば何ら問題にはならない。現に「恵美須浦」の

「えびす」などは鯨を指している。(二三)

三―三　「えびす」の付く京都市町名について

ここでは「えびす」の付く京都市町名について考察したいと思う。最初に考察方法について述べておくことにする。まず便宜上、右京区、上京区、北区、左京区、下京区、中京区、西京区、東山区、伏見区、南区、山科区に分け、各区の「えびす」の付く町名を（二〇〇三）『ニューエスト二六京都府都市地図』昭文社の「町名索引」（八七―九七頁）の順序にしたがって①②③……と番号をふり、町名の由来（日本歴史地名大系第二七巻（一九七九）『京都市の地名』平凡社の記述を主たる根拠とする。（(京)〇〇〇頁）と記す）その他、藤田の考えによる場合は（藤田）とする）によって分類した。次はその分類・考察結果である。

Ⅰ　大黒町に対する呼称及び大黒町との関係から「えびす」の呼称が付けられたもの　…四例…

一・（上京区③）蛭子町《えびすちょう》（上、上立売通浄福寺西入）（「坊目誌」は町名由来を北隣の大黒町に対する呼称とする。（(京)六三六頁））

二・（下京区①）蛭子町（下、鍵《カギ》屋町通新町東入）（「坊目誌」は「大黒町に対する呼名あり。俗に蛭子大黒を以て一双とす」という。（(京)九二四頁））三・（下京区②）恵美須之町（下、寺町通仏光寺下ル）（仏光寺通寺町西入（恵美須之町の西隣）には大黒町があることによると考えられる。（藤田）（(京)八四四頁））四・（中京区②）恵比寿町（中、河原町通三条上ル）（「町名は、寛永版平安城東西南北町並之図に「大こく丁」とあるが、それ以降は、筆描図系・木版図系とも「夷丁」とある。天保二年（一八三一）改正京町絵図細見大成は「蛭子町」と記す。」（(京)六九七頁））

II　夷川があったことから「えびす」の呼称が付けられたもの　…三例…

一・（中京区①）夷町（中、間之町通夷川下ル）（「町名由来は「坊目誌」に「夷川の南にある故なりと」とする。」（京七二三頁））二・（中京区③）西夷川町（中、夷川通堀川東入）（「町名は、寛永一四年（一六三七）洛中絵図に「西夷川町」とある。」（京七三五頁））三・（中京区④）東夷川町（中、夷川通西洞院西入）（「「坊目誌」に「元此地に夷川あり、称呼之に起る」とある。」（京七三五頁））

III　蛭子社があったことから「えびす」の呼称が付けられたもの　…二例…

一・（下京区⑥）蛭子水町《えびすみずちょう》（下、正面通西洞院東入）（「町名由来は「坊目誌」に「往時此地に蛭子社あり」、室暦一二年（一七六二）刊「京町鑑」に「此町北側に蛭子水の旧跡有」と各々記される。」（京九六二頁））二・（東山区①）夷町《えびすちょう》（東、三条通白川橋東入三丁目）（「町名は中世蛭子社があったのにちなみ、「山州名跡志」（正徳元年刊）に「件ノ旧地ヲ今尚蛭子町ト云フ」とみえる。蛭子の社の神像は伝教大師作と伝える二尺の坐像で、同書に「其地ニアリシコトハ、洪水ニ流来セリ。其元ヲ知ラズ」とある。開町（一六四七）に際してこの像を金蔵寺に移した。」（京三一二頁））

IV　蛭子大黒の木像が流れ来たという言い伝えから「えびす」の呼称が付けられたもの　…二例…

一・（下京区③）夷之町《の》（下、七条通新町西入）（「町名由来は、「坊目誌」に「中世洪水に西洞院渠に蛭子大黒の木像流れ来る。住民之を得て小祠を建て之を祭る。夷之町之に起る」と記す。京九五九頁））二・III—二に同じ。

Ⅴ　何故、「えびす」の呼称が付けられたか不明のもの　…九例…

一・（上京区①）夷川町（上、西洞院通椹木町下ル）（京六〇〇頁）二・（上京区②）蛭子町（上、猪熊通出水上ル）京六三〇頁）三・（下京区④）夷之町（下、間之町通六条下ル）（京九〇四頁）四・（下京区⑤）夷《えびすの》馬場《ばんば》町《ちょう》（下、北小路《こうじ》通壬生《みぶ》西入）（京九八四頁）五・（下京区⑦）恵美須屋《や》町（下、富小路通高辻下ル）（京八五〇頁）六・（東山区②）蛭子町北組（東、蛭子町）（京二六〇頁）七・（東山区③）蛭子町南組（東、蛭子町）（京二六〇頁）八・（伏見区）恵《え》美《び》酒《す》町《ちょう》（伏見区撞木《しゅもく》町）（京三八一頁）九・（山科区）日ノ岡夷《えびす》谷《だに》町《ちょう》（山科区日ノ岡夷谷町）（京三三六頁）

以上、「えびす」の付く京都市町名について日本歴史地名大系第二七巻（一九七九）『京都市の地名』（平凡社）による由来を中心として分類したが、興味深いのはⅠ、Ⅳのように「大黒」との関連で「えびす」の呼称が付いていること、またⅢのように「蛭子社」が「えびす」の呼称の由来となっていることである。ここに単に「えびす」の付く京都市町名を調べるだけでなく、他の福神名の付く京都市町名も調べる必要性が出てくる。そして、そこに何らかの傾向性、特徴が見出されるなら、それは日本（人）論の深化にも寄与するものとなるであろう。

次に、他の福神名の付く京都市町名について考察してみたいと思う。なお考察方法は「えびす」の付く京都市町名の考察方法と同じである。

四　その他の福神名の付く京都市町名について

四―一　全体的考察

「えびす」以外の福神名には次のものがある。大黒・毘沙門・弁財天・布袋和尚・福禄寿・寿老人である。

以下にその考察結果を記すが、結果から言うと「えびす」以外の福神名の付く京都市町名の中で一番多いのは大黒の付く町名で、一三あった。その次が毘沙門の付く町名で九、更に弁財天の付く町名が七と続く。そして布袋の付く京都町名が一である。このことについて次のような示唆的な考えがある。

このように福神に由来する町名を列記してみると、二つの点において特徴的なことが指摘できよう。一つは福神に由来する名称とはいえ、それは恵美須・大黒・毘沙門・弁財天の四つが圧倒的に多く、布袋和尚・福禄寿・寿老人の名称を付す町が、ほとんどみられないということだ。そして今一つは、それら福神名称の多くは、もと洛中と呼ばれ、平安時代より京都の市街地を形成した地域にみられるということである。

前者の名称の偏向については、その疑問に答えるべき準備がないが、恵美須以下の四つの福神は、いずれも富貴に関連するものであり、それに対して布袋以下三つの神々は、長寿に関わるものである。したがって、強いてこの問いに対する解答をうち出すとすれば、商工業に多く携わった町衆たちは、当然のことながら富貴に対する関心の方が、より強かったことの結果であるかもしれない。

また後者については、今更ことごとしく述べるまでもなく、町衆の住む彼らの町々に、彼らの信仰の名称を付して、富貴という望みが達せられることを願ったからにほかならない。(三)

「えびす」(一九例)「大黒」(一三例)「毘沙門」(九例)「弁財天」(七例)の各福神名の付く町名が多い理由を「富貴に関連するもの」であることに求める考えである。(数の面で「えびす」「大黒」というペアを成すものが非常に多いのは興味深い。)

通時的関係で見た場合、「えびす」はやはり一番古く、弁財天は平安時代に、毘沙門天も平安時代初期にすでにその信仰があり、鞍馬寺などが有名である。大黒は本来、インド古来の神で、仏教に取り入れられ、中国を経て、やはり平安時代に日本に入って来ている。もっとも福神信仰については「室町時代に至って飛躍的に拡大・発展し、その町衆たちの信仰の余韻が、今も町名として受け継がれている」ものである。(一四)

以下、各福神名の付く京都市町名について福神名別に考察していくことにする。

四―二　大黒の付く京都市町名について

既述のように大黒の付く京都市町名は一三ある。次のものである。

I　「えびす」の付く町名等が近くにあることから「大黒」の呼称が付けられたもの　…五例…

一・（上京区①）大黒町（上、猪熊通椹木町上ル）（「寛永一四年（一六三七）洛中絵図に「かぎや丁」とあり、天保二年（一八三一）改正京町絵図細見大成で「大黒丁」と出る。現町名は二町隔てた北の蛭子《えびす》町に対する呼称であろう。（「坊目誌」）」（京六三一頁））二・（上京区②）大黒町（上、浄福寺通上立売上ル）（「宝暦一二年（一七六二）刊「京町鑑」に「大黒町又一名鶴屋町とも云」とあり両町名が併用されたらしい。…大黒町という町名は南の蛭子町に対応する呼称とも考えられる。」（京六三六頁））三・（下京区①）今大黒町（下、黒門通仏光寺下ル）（「寛永一四年（一六三七）洛中絵図に「今大黒町」とすでに現町名が使用される。「坊目誌」は南に隣接する杉《すぎ》蛭子町《えびすちょう》にたいして名付けられたとする。」（京八八七頁））四・（南区①）大黒町（南、大宮通八条上ル西側）（東北に上《かみ》夷町、南夷町があることによると考えられる。（藤田）（京一〇〇五頁））五・（下京区④）大黒町（下、仏光寺通寺町西入）（東に恵美須之町があることによると考えられる。（藤田）（京八四六頁））

II　大黒天堂があったことから「大黒」の呼称が付けられたもの　…一例…

一・（東山区③）大黒町（東、大黒町通松原下ル三丁目）（「この町の面する街路に寿延《じゅえん》寺大黒天堂の所在したことにより、通り名・町名ともに大黒町を名乗る。」（㊐二三九頁））

III　洪水の際、蛭子・大黒の両像が流れ来たったという言い伝えから「大黒」の呼称が付けられたもの　…一例…

一・（下京区②）大黒町（下、七条通油小路東入）（「町名について「坊目誌」は「古老の云ふ」として、中世西洞院川の洪水の際、蛭子・大黒の両像が流れ来り、当町は大黒の像を祀り、東隣の町は蛭子像を祀り、ともに町名としたと記す。」（㊐九七四頁））

IV　何故、「大黒」の呼称が付けられたか不明のもの　…六例…

一・（中京区①）大黒町（中、釜座通夷川下ル）（西北に毘沙門町、東北に弁財天町が有ることが関係していると考えられるが確証はない。（藤田）（㊐七三二頁））二・（上京区③）大黒屋町（上、油小路通下長者町下ル）（㊐六〇二頁）三・（下京区③）大黒町（下、室町通五条下ル）（㊐九二二頁））四・（東山区④）大黒町（東、大和大路三条下ル東側）（㊐一八三一一八四頁）五・（伏見区①）西大黒町（伏、西大黒町）（㊐三八七頁）六・（伏見区②）東大黒町（伏、東大黒町）（㊐三八七頁）

以上のように大黒の付く京都市町名は一三あるのであるが、Iについては、「えびす」「大黒」のペアの意味が問題となる。そもそも「えびす」は既述のように日本古来の神である。他方、「大黒」＝大黒天はインド古来の神で元はマハーカーラと言う。マハーは大の意で、カーラは時、又は暗黒の意を表し、大黒天は暗黒、死の支配者である。マハーカーラはインドの全知全能の神、シヴァ神の一化現、分霊ともされ、「破壊と建設の輪廻を示す神」であるから、非常に恐ろしい神である。[15] その恐ろしい神がなぜ信仰されるのかというと「恐ろしき災厄を逃れたいために恐れうやまい、わざわいのこないように祈ることから、わざわいを避け得られたときにその仕合わせを感謝する意味が生まれ、やがてその霊威をなだめ慰めて福を得ようとする、マハーカーラが福神に転じる萌芽はここから発生する」[16] からと言える。又、日本にも御霊信仰（＝「悲惨な目に遭って死亡した者や不慮の死によった者の怨霊を鎮めるために神社に祀り、祟りのないように祈りそれがやがて福分を得るように願う傾向」[17] が信仰となったもの）が存在した。大黒天日本化の素地があったと言える。大黒天が仏教に取り入れられた当初は依然として恐ろしい神であったが、中国では食厨の神となった。つまり、人々の飲食を保護・保証する神となった。日本へも食厨の神として伝播した。伝承では、最澄（伝教大師）が唐から帰朝した時、大黒天を安置したのが一番古いとされるが、[18] その大黒天はインドの元来の「裸形の三面六臂の忿怒像のごとき姿」[19] であったと考えられる。

平安時代は本地垂迹の説が盛んで、「大黒天も日本古来の神である大国主命と習合することによって、大黒天の日本化が急速に」[20] 進んだ。それは「大黒」と「大国」が同音ということにも由来するが、既述のように吉井（一九九九）が「えびす神」の主祭神の一つとして「大国主神」（他は事代主神、蛭児（子）神）を挙げているのは重要である。ここに「大黒天」＝「大国主神」＝「えびす神」の接点が生まれるからである。「大黒」については「大黒が同音の故に大国主に習合されたと同様に易の「太極」にも重ね合わされ、その結果、家屋の根源とも言うべき、その中央の最も大切な柱が「大黒柱」とも「太極柱」とも書かれるようになる」[21] という説もあり、大黒天普及の一因となったと考えられる。

今一度まとめると「えびす神」は元来、日本古来の神であり、「大黒天」は、インドの神である。「大国」と「大黒」が同音のゆえに「大黒」は習合され、大国主神が「えびす神」の主祭神の一つであることから古人は両神をペアとしたのではないだろうか。それが町名にも反映しているものと考えられる。

大黒町名で注意を引くのは既述のようにⅣ—一（中京区①）大黒町（中、釜座通夷川下ル）が西北に毘沙門町、東北に弁財天町があることと関係があるのではないかと考えられることである。三面大黒天（＝武門大黒天。中央は大黒天、右は毘沙門天、左は弁財天）を想起するのである。

四—三　毘沙門の付く京都市町名について

毘沙門の付く京都市町名は九あり、以下のものである。

Ⅰ　かつて毘沙門堂があったことから「毘沙門」の呼称が付けられたもの　…四例…

一・（上京区⑥）毘沙門町（上、今出川通上ル四丁目西入）（「建久六年（一一九五）平親範が太秦の平等寺・五辻の尊重寺・伏見の護法寺の三カ寺を合わせ、一寺として再興したという毘沙門堂が、寛文元年（一六六一）公海僧正によって安朱稲荷山（現山科区）に移建されるまであった（「平親範置文」洞院部類記・雍州府志）」（㊂五四三頁））二・（上京区⑦）毘沙門横町（上、塔之段寺町通今出川上ル三筋目西入）（「寛永一四年（一六三七）洛中絵図に「毗沙門横町」と現れる。応仁の乱で焼失した毘沙門堂の旧地（「坊目誌」）。」（㊂五四三頁））三・（中京区⑤）毘沙門町（中、西洞院通竹屋町下ル）（「京雀」に「そのかみこの町に毘沙門堂あり今は姉小路通あぶらのこうぢを西へ入町かぢや町の北行にうつしかへて侍べり」とある。」（㊂七三二頁））四・（東山区⑤）毘沙門町（東、東大路通松原上ル三丁目）（「毘沙門町の名は安井門跡（蓮華光院）の本尊毘沙門天にちなむ。」（㊂一二一〇頁））

II　毘沙門天の木像が発見されたことから「毘沙門」の呼称が付けられたもの　…一例…

一・（上京区④）毘沙門町（上、七本松通今出川西入）（「町名は町内にある本光《ほんこう》寺の毘沙門天の木像がこの地より発見されたことによる（「坊目誌」）。」（京六六三頁））

III　何故、「毘沙門」の呼称が付けられたか不明のもの　…四例…

一・（下京区⑤）毘沙門町（下、若宮通五条下ル）（東南に蛭子町、東に大黒町が有ることが関係していると思われるが確証はない。（藤田））（京九二五頁））二・（上京区⑤）毘沙門町（上、黒門通元誓願寺下ル）（京六一九頁）三・（北区①）毘沙門山（京なし）

四・（中京区⑥）毘沙門町（中、御幸町通竹屋町上ル）（京七一六頁）

毘沙門天は仏教の神であり、北方を鎮護する神である。仏教では四天王のなかの一神（＝多聞天）に入《い》れられていたが、中国で四天王信仰が盛んになり、「日本でも平安時代初期にはすでに毘沙門天信仰が行われ、鞍馬寺、信貴山朝護孫子寺などが有名で、護法神、戦勝神として信仰された」[二二]。また「福徳神として信仰されるようになったのは中世以降」のことで、「特に七福神のなかに数えられてからはいっそう福徳の神と思われるようになった」[二三]。

毘沙門天の付く京都市町名が現在も残っているのは毘沙門堂（祠）、毘沙門天の木像等がかつてあったことを記憶に留め置こうとする意識の反映であり、それは従来のものを尊重し残そうとする日本人の伝統的意識の表れのように思われる[二四]。

四―四　弁財天の付く京都市町名について

弁財天の付く京都市町名は七あり、以下のものである。

Ⅰ　かつて弁財天の祠や堂があったことから「弁財天」の呼称が付けられたもの　…七例…

一・(上京区⑧) 弁財天町 (上、今出川通新町西入) (「町名はこの地に弁財天の祠があったことによる。この祠は室町幕府九代将軍足利義尚の小川御所の鎮守であったといわれる。(中略) 元亀二年 (一五七一) 御借米之記 (立入宗継文書) の上京小川組のうちに「弁才天町」とみえる。」(京五八一頁)) 二・(上京区⑨) 弁天町 (上、土屋町通出水上ル) (「「坊目誌」は「本町私祭の弁天社あるを以て。近古此名に改む」と記す。」(京六五八頁)) 三・(下京区⑥) 弁財天町 (下、諏訪町通松原下ル) (「寛永一四年 (一六三七) 洛中絵図に「弁才天丁」とみえ、以後変化はない。町名については「坊目誌」は「往時弁財天の祠此町にあり故に名く」とし…」と記す。(京九一二頁)) 四・(中京区⑦) 弁財天町 (中、新町通竹屋町下ル) (「「坊目誌」は「伝へ云ふ往昔此地に弁財天の祠あり。応仁の兵乱に焼失す。天正の頃、西側中央人家の後園井を穿つ時、土中に像を得たり。空海の作と云ふ。故に小祠を営みえを安し、町名とす云云。(下略)」」と記す。(京七三〇頁)) 五・(東山区①) 上弁天町 (東、下河原町通西側、安井前通下ル西裏共) (「「大化増補京羽二重大全」に下河原通より「安井御門跡正面の通」を西へ入ル所として「東側に弁財天堂あり因テ弁天町といふ」と記される。」(京二一七―二一八頁)) 六・(東山区⑥) 弁財天町 (東、大和大路三条下ル三丁目西側) (「開町以前、この地に弁財天の祠堂があり「雍州府志」に「弁財天ノ社ハ始メ大和橋ノ北ニ在リ、今絶ス (下略)」とみえる。「粟田名勝旧蹟」によれば弁財天社は寛永一〇年 (一六三三) 六月、神像とともに青蓮院境内「十禅師の古宮」に遷座したというが (中略) 現存しない。また「坊目誌」は古老の伝承として「往時、洪水の時、弁財天堂、地蔵堂を営み、水防を禱りし」と記す。これは「雍州府志」にいう「南ノ方ニ夏禹《う》廟ヲ建テ、北ニ弁財天ノ社ヲ建ツ」として防水を願ったという伝説に対応する。」(京二〇七頁)) 七・(東山区②) 下弁天町 (東、東大路通松原下ル (地理的に見て (東山区①) 上弁天町と

の関連で名付けられたものと考えられる（藤田）〕（㊮二一八頁）〕

以上のように「弁財天」の付く京都市町名は七つあるわけであるが、六・の防水を願ったという伝説にもあるように「弁才天」は元来、河を掌《つかさ》どる神、すなわち河神である。梵名サラスヴァティと言い、インドの神である。同音であることから元来の「弁才天」は「弁財天」とも呼称され福神へとなっていった。(三五) 又、河神から言語・音楽・学問・技芸の神へとなっていった。毘沙門天同様、堂、祠がかつて存在したことを尊重し、記憶に残そうとする日本人の意識傾向が福神名を町名として残存させているものと考えられる。

五　日本（人）論から見た福神名の付く京都市町名—結び—

福神名の付く京都市町名については以上の他に「布袋屋町」がある。一例であるが、中京区麩屋町夷川下ルにあり「京雀」には「この町に布袋やといへる家名の細工人ありけるゆへにそのかみはほていや町といひける」とある（㊮七一七頁）。既引用の如く、「長寿」に関する福神名の付いた京都市町名は極めて少なく、この布袋屋町はその稀少な一例である。

以上のように、福神名の付く京都市町名を考察してきたわけであるが、考察結果を日本（人）論から見ると、最初の部分で引用した中村元（一九八九）の「日本人の思惟方法」に即して言えば①与えられた現実の容認の顕現として、まず四—三　毘沙門の付く京都市町名について　で言及したような「従来のものを尊重し残そうとする日本人の伝統的意識の表れ」が指摘できるであろう。とりわけ京都の地名には古い歴史の有るものが多く存在するが、そこには日本人の持つ「祟り」を恐れる心情が一部、反映していると見ることが可能であると思う。えびす像や大黒像が洪水で流れ来たったことを町名の由来とするのも類似の心情によるものと考えてもよいと思う。内藤湖南の言う「そこを占領したからといって、他の氏族が崇敬しておった神社をむやみに取り払ってしまうようなことをしないのがわがいにしえの習俗である」(同)[二四]というような従来のものを尊重する日本人の傾向は地名にも反映していると考えられる。

中村元(一九八九)は日本人の①与えられた現実の容認、の具体的内容の一つとして「寛容宥和の精神」を挙げているが、神仏習合について述べる次の一節は注意を引く。

日本の古来の神々を権現とみる思想は、平安期中期の寛弘年間の典籍にあらわれはじめた。後三条天皇の治世以後に、各神の本地がなんであるかということが問題とされたが、源平時代に入るにおよんで、これこれの神の本地はこれこれの仏である、ということが漸次に定められた。承久年間になると、ついに神と仏とは同体である、という思想が成立した。『仏と云ひ神と云ふは、無異無別なり。』足利尊氏は祇園社への願文のなかで『仏神たい(=体)ことなりといへども、内外一なり』という。本地垂迹説は鎌倉時代になってからその教理的組織を完成し、それが明治維新のときまで観念的には、保たれていたのであった。[二六]

「神」は日本古来の宗教の対象であるのに対して、「仏」は外来の宗教の対象である。日本人の「寛容宥和の精神」は神仏習合、本地垂迹という考えを生み出し、対立を避けた。四―二 大黒の付く京都市町名について で述べたように「えびす」(神)「大黒」(仏)というペアを創出したことは日本人の「寛容宥和の精神」の表れであろう。そのことは地名にも表れ、「えびす」の付く京都市町名の近くには「大黒」の付く京都市町名が多く存在しているのは既に述べた通りである。

次に、日本(人)論から考察結果を見て言えるのは、日本人が**「同音」**に注目し、こだわっていることである。たとえば「えびす」「大黒」がペアとなる根拠として、「大黒天」（仏）＝「大国主神」＝「えびす神」（神）という関係が見られることが挙げられるのは既述の通りである。同音の「ダイコク」は又、「太極」にも通ずるものと考えられ「大極柱」「大黒柱」へと発展していったとする吉野（一九九四）の説（同）[三]も「同音」の重要性を示唆するものである。更に、四―四　弁財天の付く京都市町名について　で言及したように「同音」から「弁才天」は「弁財天」とも表され、それは、福神への発展を意味していた。

以上のように日本（人）論から福神名の付く京都市町名を見ると、日本人の「従来のものを尊重し残そうとする」傾向（それは「祟り」を恐れる心情の反映であると考えられる）、「えびす」「大黒」ペアに見られる対立を避ける「習合」に表れる「寛容宥和の精神」（以上の二つは大きくは「与えられた現実の容認」というカテゴリーに含まれる）、「同音」への注目とこだわりが日本人の特徴として浮かび上がってくる。もっともこの特徴は現在から過去を見た結果、浮かび上がってきたものであって、それが今後も未来永劫、存続するかどうかはわからないが、何らかの形で残っていくのではないかと思われる。

本研究が現在に残存している、日頃、無意識に看過している京都市町名から日本人の過去から現在へ、そして恐らくは（たとえ伏在することはあっても）未来へと続いていくであろう、ある種の傾向を明らかにすることに寄与するならば望外の喜びである。

〔注〕

（一）　中村元（一九八九）第二、三、四章。

（二）　吉井良隆（一九九九）「えびす神研究」―ヒルコとヒルメ　吉井良隆編（一九九九）二〇〇頁。

（三）　吉井良隆（一九九九）「えびす神研究」―ヒルコとヒルメ　吉井良隆編（一九九九）二〇一頁。

(四)「えびす信仰」七つのキーワード編集部　吉井良隆編（一九九九）三七頁。
(五)白鳥庫吉著『神代史の新研究』　吉井良隆編（一九九九）二三〇頁。
(六)滝沢馬琴『燕石雑志』巻一　吉井良隆編（一九九九）二三一頁。
(七)次田真幸（昭和四八）「蛭子神話と太陽神信仰」　吉井良隆編（一九九九）二四三頁。
(八)次田真幸（昭和四八）「蛭子神話と太陽神信仰」　吉井良隆編（一九九九）二四三頁。
(九)次田真幸（昭和四八）「蛭子神話と太陽神信仰」　吉井良隆編（一九九九）二四四頁。
(一〇)吉井良隆編（一九九九）一頁。
(一一)鈴木英一（一九九九）「舞台芸能における「えびす」」　吉井良隆編（一九九九）九八頁。
(一二)谷川健一（一九九八）二頁。
(一三)川嶋将生・鎌田道隆（昭和五四）六六―六七頁。
(一四)川嶋将生・鎌田道隆（昭和五四）六七頁。
(一五)笹間良彦（平成五）一四頁。
(一六)笹間良彦（平成五）一四頁。
(一七)笹間良彦（平成五）一五頁。
(一八)笹間良彦（平成五）二八頁。
(一九)同(一八)。
(二〇)笹間良彦（平成五）二九頁。
(二一)吉野裕子（一九九四）三四頁。
(二二)笹間良彦（平成五）一七八―一七九頁。
(二三)笹間良彦（平成五）一七九頁。
(二四)内藤湖南（昭和四四）三四頁の次の文章はそれを裏付ける。「段々加茂の氏人が拡がってきて、元の出雲氏の占めておった京都の北部地方をだんだん占領しまして、出雲井於神社というもとの神様は隅のほうに押しやられて、その大部分は下加茂の境内になってしまったというかたちになったのでありますが、しかしそこを占領したからといって、他の氏族が崇敬しておった神社をむやみに取り払ってしまうということをしないのがわがいにしえの習俗である。この節のシナあたりの模様でありますと、革命になると前から尊敬しておった偉い人の祠などでもみな打ち壊して新しいものを祀《まつ》っているというわけでありますが、日本は一つは風俗の敦《あつ》いところからでもありましょう。一つはまたそういうことをしますとよく祟ったものでありますから、神様を取り除けるとかならずそれが祟るというので、おおかた祟りのために昔からあるものはそのまま据えてあった」

(二五)　吉野裕子（一九九四）一四九―一五〇頁。

(二六)　中村元（一九八九）八八頁。

〔引用文献・参考文献〕

中村元（一九八九）『日本人の思惟方法』中村元選集〔決定版〕第三巻　春秋社
吉井良隆編（一九九九）『えびす信仰事典』戎光祥出版（本書内の引用論文等は〔注〕で明記した。）
谷川健一（一九九八）『続日本の地名―動物地名をたずねて―』岩波新書
川嶋将生・鎌田道隆（昭和五四）『京都町名ものがたり』京都新聞社
笹間良彦（平成五）『大黒天信仰と俗信』雄山閣
吉野裕子（一九九四）『十二支―易・五行と日本の民俗』人文書院
内藤虎次郎（昭和四四）『内藤湖南全集』第九巻　筑摩書房
（二〇〇三）『ニューエスト二六京都府都市地図』昭文社
（一九七九）『日本歴史地名大系第二七巻京都市の地名』平凡社

第三章　『日本文化論』の研究

一　序

『日本文化論』は日本語教育の中で「日本事情」科目の一部として教育対象となることもある。しかし、「日本事情」は基本的に日本語非母語日本語学習者を対象として、学習者の日本語能力向上を主たる目的とし、日本文化、日本事情を従として教えるという前提の下になされてきた教育である。日本文化を主として教えるとなると、実地見学（伝統文化の見学。物見遊山的、気分転換的なものに堕する場合も過去、往々にして散見した。現在でも見受ける。）が行われることも多かった。

日本語を母語とする者に対する日本文化教育は①歴史的な文化研究（平安文化、室町文化、江戸文化等）によるものと、②広く、評論的、随筆的なものまで含む日本文化論を（比較文化などの専門の中で）扱うことによるものが多かったようである。本章では主として後者すなわち②を中心にして論を進めるが、日本語を母語としない日本語学習者が日本文化論を研究することも視野に入れ、今後、新たな日本文化論研究の創出を期待したい。

後者②の意味での日本文化論は日本論や日本人論とも親和性が高く、物事がそれだけで存在することが稀であることを考えれば、比較文化の視点が必要とされ、またその比較文化が二つの文化の比較だけではなく三つ（以上）の文化の比較が必要ではないかといった論点（＝三点測量）、日本文化論、日本論、日本人論（以下、三論と略す）の関係、国民国家と三論の関係、文化と文明の関係等も視野、考慮に入れる必要がある。また、本質的な問題として、はたして日本文化論が客観的な学問として成立するのかどうか、成立するにはどうしたらいいのか、ということも視野に入れて考察したいと思う。

二　日本文化論・日本論・日本人論（＝三論）の関係

井上光貞は和辻哲郎（一九七九年版）『風土』岩波書店岩波文庫版の「解説」の中で日本文化論を以下の三つに分類して例を挙げて考察している（一）。

① 他文化との比較の中で、日本文化を位置づける試み。例えば和辻哲郎『風土』、梅棹忠夫『文明の生態史観序説』、エドウィン・O・ライシャワー『日本歴史の特異性』、中根千枝『家族の構造』等。

② インド・中国・ヨーロッパなど、時代時代の中心国から文化を摂取する、その「仕方」を考察することで、日本文化を理解しようとする試み。例えば津田左右吉『支那思想と日本』、中村元『東洋人の思惟方法』。

③ 「漢意《からごころ》が影響する以前の時代」の、あるいは「外来文化の影響を受ける度合いが比較的少ない地域」の日本を考察・観察することによって日本文化を理解しようとする試み。例えば本居宣長、柳田國男等。

①は比較文化の中で日本文化を位置づける試みであるが、和辻哲郎『風土』に対してよく見受ける批判のように、はたしてそれが客観的根拠を持つものなのか、といったことが常に問題になる。和辻哲郎『風土』は「モンスーン」「砂漠」「牧場」の三類型で世界各国の民族、文化、社会の特質を浮き彫りにしたものであるが、山崎正和は和辻が日

本文化をモンスーン型の台風型としたのに対して実例をもって反論し、「これらは自然が文化を決定するということを示していない」とし、同じ時代でも社会集団により全く違った人間類型が生まれるとした。(二) 和辻の環境決定論は現在、自然と人間の相互作用という考え方が一般化・常識化している時代には全面的に受け容れられる余地はないが「日本の風土を考察するとき、和辻哲郎がその台風的契機を重視して「慈悲の道徳」に着目したのに対し、寺田寅彦がそこから地震的契機をとりだして「天然の無常」という認識に到達していたことの対照性に、私は無類の知的好奇心を覚えるのである」(三) という山折哲雄の言辞には依然『風土』の現在的価値も一部、感じられる。(四)

②は内田樹(二〇〇九)『日本辺境論』で述べられた「辺境」とは「「中華」の対概念」で「外来の知見を『正系』に掲げ、地場の現実を見下す」(五) 日本で反復されてきた思想状況であり、(六) それを「辺境人にかけられた呪い」(七) とする否定的な考えに行き着く日本＝辺境論に逆説的に親和性がある。(八) 津田左右吉『支那思想と日本』などは逆に中国文化とは別の日本文化という考えを打ち出している。

③は本居宣長の「大和心」に通じるもので、日本人論と親和性が高い。国粋主義や国学主義とも親和性が高い。

さて、日本文化論と日本論や日本人論の三論の関係であるが、「日本人論」には「日本人」という「統一」された者があたかも存在するかのような暗黙の前提が存在する。現在(二〇一八年)のように外国人が多数、日本で居住、定住する時代には使用に注意を要する言葉であり、「日本論」は国民国家と親和性が高い。既述の和辻『風土』を批判した山崎は、「近代になって国民国家として「日本」は成立したのであり、前近代に「日本」の枠組みを当てはめたのは和辻の時代的限界だと言った」(九) が、そうなると前近代を対象とした「日本文化論」はみな成り立たないことになる。(一〇) 国民国家と日本文化論の関係については次節で論じる。

消去法で考えると少なくとも次のような「日本人論」は現在(二〇一八年)の日本では通用しないであろう。「日本人とは、日本と称する土地で同じ歴史と文化と言語のもとで生まれて人間形成を経た人々の集団すなわち日本民族のことである。近代国家において住民は国籍を有し一つの国民を成しているので日本国民とも呼ばれる。この日本民族あるいは日本国民をこんにちは普通に日本人と呼んでいるのである。この日本人のなかにわけいって見るとむろん性別、年齢、学歴、職業、職位、資産、居住地域などにおいて区別が見られるが、そういう区別を越えてみなが話す日本語があるように、日本人という次元での傾向ないし特性がある。日本人という人間集団のその特性―歴史的につくられた―をあきらかにしようというのが日本人の国民性の研究であり、それをこんにちでは簡単に日本人論と呼ぶと見てよい[二]」

三　国民国家と三論

国民国家と親和性が高いのは「日本論」であるが、国民国家と「日本論」を論じる前に「日本文化論」という語の中にも含まれる「文化」とその対概念としての「文明」の関係について国民国家を視野に入れて考察してみることにする。

文明と文化は二つとも一八世紀後半にフランスで作られた新語である[三]。文明"civilization"という語は主として啓蒙主義者とエコノミストによって広められた。文化"culture"は言葉としては一三世紀から存在し、土地の「耕作」や家畜の「世話」の意味から現在の意味に転化し、一八世紀後半に独立した概念として用いられるようになった。

文明、文化という言葉、概念は一八世紀末から一九世紀にかけて、フランスからヨーロッパ諸国に広まったが、文明がフランスからイギリスやアメリカなどの当時の先進国に広まったのに対して、文化はドイツ中心にポーランドやロシアなどの当時の後発国に広まったという違いがある。こうした分化が生じた後、文明は人類の進歩（未来）と普遍性を強調するようになるが、それは文明という言葉が旧制度（絶対王政）の弊害を指摘した上で、それに代わる新たな国家（国民国家）を構想する中で設定された一般的傾向を持つことと深い関係がある。他方、文化の概念は人間生活の多様性と個別性に力点を置き、物質的な進歩に対して精神の優越を強調するようになり、未来よりは過去（伝統）が重視される傾向があった。文明はフランス型国民国家（フランス共和国）の価値観を表す国民的イデオロギーとして定着したが、文化は新しい国民国家の建設を模索していたドイツの知識人や市民階級によって選択され自らの独自の価値観を表明した。そしてドイツにおける文化概念はフランスとの対抗的な関係の中で成熟していった。①ドイツ・ロマン主義（啓蒙主義とフランス革命に対する反対運動とされるが、ドイツの文化概念はこの運動の中で深められ、それは国民国家形成に結びついた運動であった）②フィヒテの『ドイツ国民に告ぐ』（ナポレオン軍の占領下にあったベルリンでフィヒテは一四回にわたって愛国的講演を行い、ドイツ国民の優秀性を証明するために「始源的民族（Urvolk）」という言葉を用い、ドイツ国民の優秀性は民族的な古さと純粋性によって証明され、ドイツ国民は政治的、経済的、軍事的苦境の中にあっても、「文化国民」として世界の復興に参加する（＝フィヒテの論理）とした。）はドイツの文化概念がフランスとの対抗的な関係の中で成熟していったことを示す例である。

文明概念は「未開人の文明化のために」（「文明の使命」）という植民地主義の口実となったが、文化概念は極端な形ではナチズムという形態をとり、ヒトラーは人類を文化創造者（ゲルマン民族）、文化支持者（日本人）、文化破壊者（ユダヤ人、マルクス主義者）の三種類に分けた。

文化概念は先進国に対する後発国の自己主張として、文化は文明への対抗概念になりえて、第二次世界大戦後、第三世界の多くが文化＝民族概念を強調することになった。しかし、文明と文化はヨーロッパの国民国家形成という同じ運動の中から生まれた背中あわせの双子のような概念であり、一つの文化が自己の優越性を確信したときには普遍主義＝文明に転化するし（例えば、ヒトラーの論理、日本の国粋主義が大東亜共栄圏を唱えた例等）、世界の覇権を失った列強は文化主義に転換する（例えば、アメリカにおけるヨーロッパ回帰、欧州連合におけるフランスの文化特例等）。

国民国家と「日本論」の関係では「欧化と回帰」が一つの重要なキーワードとなる。(一三)

「欧化」は言うまでも、文明化であり、「文明化」は「野蛮」の反対概念として、教化、富、開発、支配などの強大な帝国への欲望を、したがって植民地主義への欲望を秘めた言葉である。(一四) それに対して「回帰」は失われた伝統や土着的な傾向の回復を目指す。「回帰」の時代、人々は鎖国し、過去と内部の問題に関心を向ける傾向が強くなる。「欧化」の時代の至上価値は、普遍性を求めた「文明」であるが、「回帰」の時代の至上価値は、個別性、差異を求めた、過去を志向する「文化」である。

「欧化」と「回帰」はこのように対照的であるが両者には次のようなこみいった複雑な関係があると西川（二〇一三）は言う。①「欧化」も「回帰」も、「文明」と「文化」がそうであるように国民国家の相対立する二側面を表し、その矛盾対立が国民国家のダイナミズムを生みだしている。②「回帰」が求める失われた過去や伝統的な価値は、「仮想的なもの」（＝失われたものであり、現実にはないものでありそれは「創られた伝統」である）にすぎない。もっとも「創られた伝統」（例えば「天皇制」の本質等）は無力とは限らず、時に猛威を振るう。③「回帰」の対象は国家より小さな単位を目指す地域主義や分離独立主義の形をとることもあれば、より大きな地域である大アジア主義やスラブ主義、シオニズムのような形をとることもある。

「欧化と回帰」は日本では規則的なサイクルを成して現れた。（欧化—第一の欧化＝明治の初期（一八六八年～一八八三年四月頃まで）、第二の欧化—明治末から大正時代、大正デモクラシーの時代の一九三〇年くらいまで、第三の欧化—戦後（一九四五年～）の一〇年ほど。回帰—第一の回帰＝日清、日露をはさむ時期、第二の回帰＝十五年戦争～敗戦、第三の回帰＝一九六〇年代から一九八〇年頃まで。)

後発の国民国家は、一　先進諸国と同様な制度(憲法、議会、学校、新聞、銀行、鉄道、郵便等)などを設立し、先進諸国から文明国とみなされるような道徳、衛生、生活様式等を実現しなければならない。二　他方、他国とは異なる国民の独自な民族性や伝統の優越、風土の美を説き、国家や国旗、さまざまな伝統、物語などナショナリズムの象徴や宣伝を通して、祖国への忠誠が求められる。(一五)

世界システム、あるいは国家間システムの存在の中で共存するためには①共通のルールと共通の装置を必要とし、②他方、諸国家が国内の統合を強化して国家としての実質と効能を高めるにはそれぞれの国家の独自性を強調しなければならないのである。(一六)

以上のような国民国家の中で日本論(日本文化論、日本人論)は日本の優越性の主張と結びつきやすいであろう。それは肯定的な日本論(肯定的日本文化論、肯定的日本論)と呼んでいいものとして顕れるであろう。

もっとも、もちろん敗戦などの際は、内的反省から否定的日本論(否定的日本文化論、否定的日本人論)が顕在化しやすいとも言える。

以上、考察したように日本論、日本文化論、日本人論と言っても、国民国家の志向性に大きくその内容が左右されることがあることは知っておく必要がある。いや、国民国家の時代こそどの国民も自国文化について気にするようになるのであり、自国文化論が自尊心や誇りを中心とする肯定的自国文化論になり、過去への反省などが中心となると否定的自国文化論になると言えよう。(一七)日本文化論もその例外ではない。

国民国家の時代、日本も他国同様、日本とは何かという日本論が盛んに論じられ、日本文化論についても大いに論じられた。

もっとも日本人論は「日本人の単一性」を暗黙の前提としていることから現在（二〇一八年）ではあまり振るわない。日本論は国民国家と親和性が高く、日本文化論には肯定的日本文化論と否定的日本文化論があり、その根底には国民国家の時代という状況が存在している。その前提の下に日本文化論の一つとして日本論があると考えることができるであろう。（現在（二〇一八）では、日本文化論の方が日本論を包含するように考えられるので、便宜的にそうしておく。それは日本論が隠蔽された日本文化論、国家を隠蔽した日本文化論という新たな時代（建前上の「国家の後退」）の「文化」のありようを反映しているようにも考えられる。）

国民国家の時代を超えるには、どうすればいいか、我々は自国文化論、日本文化論について研究、考察する際、その視点を忘れてはならない。その視点を忘れると「国民国家」の罠にからめとられてしまうからである。

文化の三点測量については川田順造（二〇〇八）『文化の三角測量　川田順造講演集』人文書院（とりわけ一七—二〇頁）が参考になる。文化の比較は大きく分けて、歴史的比較と論理的比較の二つがあると川田（二〇〇八）は言う。[六]それは比較文学のヨーロッパ型とアメリカ型を髣髴《ほうふつ》とさせる。

四　『日本文化論』の研究

四—一　明治以前の『日本文化論』について

四—一—一　原始

明治以前の日本文化論については中国文化との関係で論じるのが基本である。具体的には、Wikipedia（二〇一五・三・一八閲覧）による日本文化論の分類によると①他文化との比較の中で日本文化を位置づける②時代の中心国である中国から文化を摂取する、その「仕方」を考察することで日本文化を理解する——がそれに当たる。

①について言えば、日本文化は中国文化の圧倒的な影響下に存在したと言える。しかし、日本の中国化のみでなく中国の日本化も存在した。

歴史的に見ると（②にも関連するが）原始時代（～三世紀まで）には日本文化論（日本文化について論じたもの）は当然、存在しない。一万年前から紀元前三〇〇年頃までの縄文時代とその後、三世紀までの弥生時代については、明治期、皇国史観が支配する中で、縄文人は当時、日本人の祖先と考えられていた天孫族が日本に来る前に住んでいた先住民と位置付けられ、野蛮で低劣な存在と見られていた。(一九) その結果、鎮守の森や山の奥深くでひっそりと受け継がれてきた縄文信仰も近代化を目指す天皇を中心とする明治期の神道の再編成によって国家的な死を迎えることになる。神道を国家的存在として位置づけるべく発された神社分離令（廃仏毀釈）（一八六八年（明治元））～神社合祀令（一九〇六年（明治三九））の過程で、仏教施設や全国で約七万社の神社とその神々、更には鎮守の森が姿を消した。神々の一元化としての神社合祀令に対して、熊野の森を愛した南方熊楠は抗議の声をあげて、熊野の地と自らのＤＮＡに刻まれた縄文そのものを命をかけて守ろうとした。

縄文時代の再評価については岡本太郎や宗左近が行っている。たとえば岡本太郎は従来の常識的日本文化史の区分では弥生文化からが文化らしい文化であってそれ以前の縄文期は文化以前の考古学的研究対象として扱われていたのを、あえて縄文という領域にその後の文化が徐々に失っていった原始的、本来的な文化の可能性を見出そうとした。(二〇) 岡本太郎の縄文文化論は縄文文化が弥生以降の文化とは決定的に異質なものであり、弥生以降の常識的文化概念、美意識では理解できないものであることを強調した。岡本が『縄文土器―民族の生命力』（昭和二七年、美術雑誌『みずゑ』掲載、後（昭和三一年）『日本の伝統』に収録）で「じっさい、不可思議な美観です。荒々しい不協和音がうなりをたてるような形態、紋様。そのすさまじさに圧倒される。／はげしく追いかぶさり、重なりあって、突きあげ、下降し、旋回する隆線紋（中略）。／とくに爛熟したこの文化の中期の美観のすさまじさは、息がつまるようです。」と述べた縄文土器の特質は、弥生以降の静的で繊細な日本文化の美観と対照的なものだが、その背景として岡本は縄文期の生活が弥生以降の稲作農耕を中心とする暮らしではなく狩猟が主となっていたことが大きく影響していたとする。狩猟は、予測不能な状況を切り抜けていかなければならない不安定な作業であり、それにあわせて縄文人の心性は激しく揺れ動き、不安と恍惚が混じり合った複雑なものとなり、それが土器の美観に反映されて、激しく動き回る隆線紋となると岡本は考える。また、狩猟が鋭敏な空間感覚を要求したことから、縄文土器の造形には、現代彫刻に匹敵する空間性の表現が見られることを岡本は指摘している。（縄文土器には従来までの彫刻では作品外部に広がる単なる背景的場にすぎなかった空間を積極的に作品のうちに取りこんだ現代彫刻と同じような空間処理、空間意識がまざまざと感じとれるとする。）

岡本は更に、狩猟生活は縄文人の心性に呪術性という深い作用を及ぼしたとしている。狩猟という偶然性に支配され、また、動物という生き物を相手にする営みでは呪術に頼る心性が必然的に発達したと考えるのである。

岡本太郎の縄文文化評価は、柳田国男や折口信夫の民族学が日本という枠組みの中で展開されたのに対し、日本から外への展開が視野に入れられている。岡本は縄文を日本文化の基底に据えることによって日本を特殊な、閉ざされたものとして位置づけるのではなく、周辺から古代世界全体へ開かれた普遍的な文明として位置づける視野を生み出した。学問方法論的にはレヴィ＝ストロースが（一九六二年）『野生の思考』でそれまで戦後思想界を支配したサルトルの哲学を人間中心主義、西欧中心主義に偏した近代的思想の最終的形態として批判し、それに対するものとして、トーテミズムなどを軸とする未開民族の発想を人間と自然の関係を共生的なものとしてとらえる「野生の思考」として擁護する立場を打ち出したことが岡本の縄文文化評価を支えるものとなるだろうと大久保（二〇〇三）（二〇五頁）は言う。

自然を人間のために利用する科学技術のような発想に対し、自然と人間を、両者双方を包み込む全体的な摂理のうちに位置づけ、相互対等に、畏敬しあい、やりとりする発想＝「野生の思考」は縄文的心性に対応するものであり、文明以前の「未開」「野蛮」「迷信」にこそ人間中心主義の行き詰まりを克服する可能性があるという世界的思潮が七〇年代のエコロジー運動などとして展開されていくのであるが、岡本太郎の縄文文化論＝日本文化論は、そうした動きに先行する、ほとんど独力で道を開いたものと言えると大久保（二〇〇三）は高く評価している（二〇六頁）。

四―一―二　古代

古代（四世紀～一二世紀）は大和朝廷の時代から鎌倉時代の開始前までを指して言う時代である。

三世紀半ば過ぎに三国時代の後に、国内を統一した晋は四世紀初めに北方諸民族の侵入によって南に移り、南北朝時代が始まると、中国の周辺諸民族への支配力が弱まり、東アジア諸民族は独自の国家形成の道を歩み始める。日本でも巨大な古墳が集中していた大和《やまと》を中心とした畿内の豪族たちが集まり大和政権を作り、四世紀半ばには九州北部から中部にかけての地域にも勢力を及ぼしていたと考えられる。六世紀には中国大陸の宗教・学術が体系的にもたらされるようになった。六世紀の隋（五八一年―六一八年）が中国を三〇〇年ぶりに再統一すると、大和政権は六〇七年小野妹子を遣隋使として隋に送り、隋と国交を開く。聖徳太子は日本の送った文書を起草し、隋と対等の立場を主張し、「支那若しくは朝鮮の帰化人」による「通訳外交」を改め「隋に使者を遣はす時には帰化人の訳官、史《ふひと》の輩ばかりに委任せず、小野妹子の如き皇別の名家を使者としてやつて居る」(三二)と内藤湖南は指摘している。

内藤湖南は更に聖徳太子は仏教を盛んにすると同時に神祇も重視し、「日本文化と外国文化とを両存する方針」を採り、それが古代日本人の精神であったとしているが(三三)、日本文化論としては日本文化の「使いわけ」（漢字と仮名、本地垂迹説等）に属する考え方であろう。内藤湖南の日本にとっての中国のとうふにがり説（中国は日本にとってとうふのにがりのようなものである）[三]も日本の独自性を尊重する中国との関係の日本文化論であろう。

奈良時代には貴族を中心とする天平《てんぴょう》文化が栄えたが、唐の最盛期の影響を受け、国際色豊かな文化であった。奈良時代、漢詩文を作ることが貴族の教養として重んじられ（七五一年）『懐風藻』は現在、最古の漢詩集であるが、これは六朝から初唐にかけての中国の影響が濃厚な「日本の中国化」の産物であると考えられる。日本文化が中国文化を模倣したのは事実である。もっとも『万葉集』のような「万葉がな」で表現された歌集も併存し、それは「中国の日本化」と考えられる。

次の平安時代には六三〇年に開始された遣唐使が八九四年には中止され、一〇世紀には最初は仏典の意味関係を表すカタカナから始まった字形であるカタカナやひらがなの発達はほぼ広まり、広く使用されるようになったが、それは国風文化の端的な表れであった。『源氏物語』や『枕草子』は中国の載道主義を中心とする「文学」概念とは異なり、「男女の道」の物語や、身辺雑事、四季折々の個人の感興の表出はやはり「日本的」で、政治を回避する文学のあり様は日本に極めて特徴的であると言えよう。[四]中国との比較での日本文化論として注目すべき点である。

折口信夫《しのぶ》の（昭和四年―五年）『古代研究』は七、八世紀、日本国家の枠組みが整い、文字が使用され始め、『古事記』『万葉集』などが成立する文明興隆期を中心に、その前後まで視野に入れて「古代」を構想し、折口学という国文学、日本文学を中心とした独自の日本文化論の全容をあらわした著書である。[五]

四―一―三　中世

中世（一二世紀末～一六世紀）は鎌倉・室町時代を指し、新興の武家がそれまで支配していた公家に代わって政権を握り、封建制度を築いていった時代である。

鎌倉時代の一二七四年（文永一一）の文永の役《えき》、一二八一年（弘安四）の弘安の役という二回の元軍の襲来＝蒙古襲来を元寇《げんこう》と呼ぶが、内藤湖南は、一九二二年（大正一一）「日本文化の独立」（講演）で、鎌倉時代の変わり目頃から社会の状態が大きく変化して武家が台頭し、思想上、宗教上の変化が起こり、皇室や公家の中にもそれに呼応するような、復古思想を持つ、革新の気運に満ちた後宇多天皇や後醍醐天皇が出現したことを述べている。また、湖南はそうした「内部における革新の機運」に呼応するかのように外部において「蒙古襲来」が起こったことに注目し、「日本文化の師匠」と仰いでいた「支那」が蒙古に亡ぼされ、その蒙古が日本に襲来したが、日本の神々に祈願して日本が勝った、これが「日本くらい尊い国はないといふ」当時の新思想となり、それが根本となって日本文化の独立が出来たとしている。[三六]「蒙古襲来」と「内部における革新の機運」を呼応関係でとらえる日本文化論である。

足利義満は一三九二年、南北朝の合体を実現して室町幕府を作った。義満は京都の北山に新邸を作り金閣を建てて、北山文化（和風と禅宗様を折衷した金閣に象徴される折衷的文化）を開花させた。

義満は一四〇三年、国書で「日本国王臣源」と称し、日本を明の朝貢国にしたが、識者は義満の「体面軽視外交」には次のようなメリットがあったとする。[三七] ①北山第（金閣寺）の造営費の五分の一が遣明船の利益によるもので、個人的通商利益があった。②銅銭輸入による貨幣経済の確立③通貨流通のコントロールによる幕府権力の確立④倭冦と地方豪族、南朝の残存勢力、中国の一部の勢力が結びつくのを防止する目的の達成。日本文化論も日本外交論、内政論から論じることも可能である。

四―一―四　近世

一六世紀末から一九世紀半ば過ぎまでを近世と呼ぶが、織田信長の後継者である豊臣秀吉は、一五九二年（文禄元）文禄の役、一五九七年（慶長二）慶長の役と二度、朝鮮に大軍を送るという朝鮮出兵を行った。秀吉の明「征服」の真の意図は、明の国使への丁重な対応や明の文物に対する言動から見て、領土の征服より、むしろ東アジアにおける「明」の「威信」を自分も借りようとしたことにあるという見方[二八]があるが、義満の「朝貢」も自らの地位を天皇の地位に比肩すべきものに押し上げるメリット、政治的意味（＝箔をつける）があったことを考えれば、義満類似の権威づけの意図が秀吉の朝鮮出兵の根底に存在していたとすることもできよう。また秀吉には「日本」の外辺を広げ、中国まで適用範囲を広げたのはポルトガルやスペインなどの西洋植民地主義の東洋進出に対する対抗、正確には、キリスト教排斥と日本、明、インドまで含めた「アジア」の共通認識である「神儒仏」の思想の擁護と連動していたとする言辞[二九]があるが、秀吉が日本の思想、文化の根底に「神儒仏」を見出していたというのは示唆的な見解であると同時に今後、検証する必要がある見解である。

江戸時代、日本は清との間に公的関係を樹立せず、江戸幕府は清を西洋とほぼ同じ「蕃夷《ばんい》の国」として鎖国の対象とし、一六二一年以降、中国人との接触を専ら長崎奉行所の管轄とした。江戸時代、徳川幕府が中国を観念上「蕃夷」としても、実際上、中国は日本に朝貢を行っていない、ちょうどその裏側で、清朝は観念的に日本を朝貢国扱いしながら、実際は朝貢関係を樹立しないという状況が続いた。日本人には文化的独立の意思、意識があり、たとえば山崎闇斎は思想面で、日本神道を中国の五行説で解釈しようとした。（＝垂加神道を説いた。）「天地の道理」は世界のどこでも同じである、そこで闇斎は当時の最も進んだ理論である洪範の五行説で神道を解釈しようとした[三〇]。闇斎は同時に、中国の華夷思想を批判し、地形に高下はあるが、どこでもまん中でないところはない、どこでもまん中になって差しつかえないと言っている。[三二]中国伝来の儒教も日本で伊藤仁斎・東涯父子や荻生徂徠らによって独自の展開を遂げた。湖南の中国の「とうふにがり説」はこの場合にも当を得たものと言えるであろう。

明治時代までは日本国内に住む外国人は非常に限られていたが、フランシスコ・ザビエル（一五〇六年―一五五二年）やルイス・フロイス（一五三二年―一五九七年）、ウィリアム・アダムス（三浦按針）（一五六四年―一六二〇年）による「日本人論」が残されている。

四―二　明治―大正の『日本文化論』について

四―二―一　明治の『日本文化論』

三、で既述のように、「欧化と回帰」は日本では明治以来、規則的なサイクルを成して現れ、明治期では第一の欧化＝一八六八年～一八八三、一八八四年頃までで、第一の回帰＝日清、日露をはさむ時期、第二の欧化＝明治末年から大正時代、大正デモクラシーの時代の一九三〇年ぐらいまで―というサイクルで現れた。第一の欧化は鹿鳴館時代（一八八四年～一八八七年）があるから一八六八年～一八八七年までとしてもよい。

第一回目の欧化時期の旗手は福沢諭吉であると言っても過言ではない。福沢諭吉は「門閥制度は親の敵《かたき》で御座る」（『福翁自伝』）と述べ、門閥制度を憎み、日本の「権力の偏重」を批判したが、「瘦我慢の説」で三河武士の精神による徹底抗戦を賛美し、江戸開城の談判を行った勝海舟を批判している。福沢は国の「気風」「人心」という国民性を向上させるには「智徳」なかんづく「智」それも「私智」（＝物理学・化学などの自然科学の智（＝知）識）より「公智」（＝経済学・政治学等社会を利する智慧）を重視しそれに最高の地位を与え、「智」こそは文明的な知識・知性であるとした。[三三]福沢は「公智」を重視し、福沢の文明開化は国民一人一人が「独立自尊」の精神によって「文明国」となることを奨励したものであったが、しかし同時に、それは一八八五年（明治一八）の「脱亜論」で述べられたように、文明開化できない隣国の「亜細亜東方の悪友を謝絶する」[三三]ものでもあった。

第一の欧化は一八八三、一八八四年頃までというが、正確には一八八四年～一八八七年の鹿鳴館時代までも欧化に含まれるのであり、それに対する反発として国粋主義の政教社が結成され、その中に志賀重昂《しげたか》がいた。第一の回帰の時期である一八九四年一〇月、日清戦争の最中《さなか》に出版された志賀の『日本風景論』はナショナリズムに支えられて爆発的に売れ、版を重ねるベストセラーとなった。『日本風景論』は日本の風景は「洵美」（「洵」＝誠、本当、全くの意）において世界で最も優れているという主旨の書[三四]であり、志賀は日本の風景美の中で火山に代表される「跌宕《てっとう》」（雄大）という要素を最も強調したが、それは従来の日本人の自然観に欠落していたもので、奇妙なことにその淵源は、一八世紀までの古典主義文化を支配していた形式的、静的、平面的な自然美規範を打破し、情念的、動的、立体的な自然美の発見評価をめざした一九世紀西欧ロマン派の自然観に由来するものであった[三五]。イギリスで言えば詩人ワーズワースや小説家スコット、思想家ラスキンに代表される一九世紀西欧ロマン派の自然観を価値判断の基準とし、「桜に鶯」「富士に松が枝《え》」式の旧套、紋切り型の自然賛美の踏襲、そして一貫して漢文的文体という伝統日本的意匠で全体をくるんだ文章という奇妙な二重性によって『日本風景論』は成立していた[三六]。「洵美」を持つ日本の風景、その風景を持つ日本人は世界のどこの国の人間より優れているという考えが伏在している肯定的、自己称揚的日本文化論の典型が『日本風景論』である。

同じく第一の回帰期、日露戦争後の一九〇六年（明治三六）岡倉天心は『茶の本』を書いている。『茶の本』はニューヨークで出版されたが、当時、日露戦争後、欧米に広まりつつあった日本は好戦的であるというイメージを文化的なものに変えようとする試みでもあった[三七]。

『茶の本』で説かれる余白の美学、虚の形而上学は同時代西欧のボードレールを先駆にヴェルレーヌ、ランボー等を経て、マラルメで頂点に達する象徴主義が言語表現の限界を超えようとして、言葉の象徴性、暗示性を追求し、究極において絶対的空《くう》無を夢想した理念に合致するものであり、また同じく同時代西欧のラスキン、ロセッティからモリスにいたるラファエロ前派が中世ゴシック教会建設に見られるような芸術性と宗教性を融合一体化したあり方を再生しようと試み、更に生活の芸術化、あるいは民芸運動を興したことと並行、照応するものであった。(三八)『茶の本』はすぐれて世界性を有した日本文化論の書であったが、後に岡倉天心の「アジアは一つ」という言辞が大東亜共栄圏思想に利用されたのは残念なことである。天心は「美」の使徒であったが、「政治」の使徒ではなかった。(文明「開化」を「利欲の開化」と批判した人でもあった。)

明治時代の日本人論には日本人不変説、日本人変化説、日本人劣等説などがあるが(三九)日本人不変説の論者も、それぞれ国民性改造の方法について論じ、たとえば福沢は教育、陸奥宗光と植木枝盛は政治、中村正直《まさなお》は芸術と宗教による目標達成を考えた。(四〇)

日清、日露両戦争の勝利は日本国民に戦勝国の誇りを持たせ、日本人の国民性が優秀であることを自覚する考えが生まれた。日本人優秀説である。

芳賀矢一(一九〇七)『国民性十論』冨山房は従来になかった文化的な観点から詳しい国民性論を展開し、国民性の特質として、(一)忠君愛国(二)祖先を崇び家名を重んず(三)現世的実際的―などを挙げた。また、国民性反省論も登場するようになり、夏目漱石は一九一一年(明治四四)八月、和歌山での講演「日本の開化」で日本の開化は「外発的」であり、「皮相上滑りの開化」であるとした。(四一)

四―二―二　大正の『日本文化論』

国民国家としての形を一応、整えた日露戦争の後に、世界の「一等国」となったと意識するようになった日本を石川啄木は早くも一九〇七年（明治四〇）の「林中書」で「手のいい「赤毛布《ゲット》」（筆者注：赤い毛布を着て東京見物をした、明治時代の「田舎者」を指す言葉。）国ではないだろうか。[四二]」と揶揄したが、国民国家の形成と世界システムの中に位置づけられた国民国家の矛盾の観点から考えれば、日本も①世界と共通のルールと共通の装置、価値観を持つとともに②それぞれの国家の独自性を強調しなければならなかった。[四三] 大正時代の日本文化論もその枠組の中に存在した。大正時代は国際的な進出に伴う国際主義の立場からの日本人論を生むと同時に、そこに含まれる西洋文化礼賛論に強く反発する民族主義的な西洋批判論も生まれた。[四四]

国際主義の日本人論としては、茅原華山（一九一三）『地人論』東亜堂書店が古事記・日本書紀は神話の類であるとし、日本人の好戦的傾向を批判するとともに、日本人が自らを改造し、国際上の生活を一変しなければならないと主張している。[四五] 野田義夫（一九一三）『欧米列強　国民性の訓練』同文館は国民性についての外国との詳細な比較研究の試みであり、同（一九一四）『日本国民性の研究』教育新潮研究会は日本人の国民性に関する総合的な心理学的研究で、芳賀矢一（一九〇七）『国民性十論』は国文学を中心に材料を集めたもので専門的な狭さや偏りがあると指摘し、国民性研究にはさまざまな角度からの総合的アプローチが必要であると主張した。また自らの国民性論は日本人優秀説、西洋崇拝説の両極端に偏らないものであると述べている。[四六] 野田は日本人の「忠誠」「潔白」「武勇」「名誉心」「現実性」「快活淡白」「鋭敏」「優美」「同化」「慇懃」などの国民性は長所短所両方に通じるものであるとしている。

西洋文化礼賛論に対する西洋批判論（日本人の独自性・強調に通じる）も大正時代には生まれている。谷崎潤一郎（一九一五）「独探」には強い西洋崇拝が表現され、荒井陸夫（一九二三）『特殊性情国』文化生活研究会は西洋で長く暮らした洋画家荒井陸男による西洋崇拝と日本嫌いが表現された書である。それらに対して永井荷風は（一九一三）「厠の窓」（『三田文学』）で西洋崇拝をからかい、浅薄な西洋崇拝に反発している。遠藤吉三郎（一九一六）『西洋中毒』二西社や深作安文（一九一九）『外来思想批判』右文館も西洋崇拝を批判し、深作の場合は時に大正デモクラシー批判にまで伸展した。(四七)

大正時代の教養主義は西洋の個人主義と親和性が高く、日本の家父長制を批判したが、一般大衆は関東大震災後モボ・モガの流行等に見られるようなアメリカニズムと親和性が高く、それは家父長制、家族主義とも親和性の高いものであった。

大正の『日本文化論』の書として、津田左右吉（一九一六（大正五））『文学に現はれたる我が国民思想の研究』東京洛陽堂、内藤湖南（一九二四（大正一三））『日本文化史研究』京都弘文堂は白眉のものである。

津田は同書で国民思想は国民生活の心的側面を仮に名づけた言葉で、遠い昔の民族生活に深く根ざして一貫した生活過程によって国民性が形成されるのであるとする。もっとも、津田は古来の尊皇心を認めつつ、それは明治以後に「愛国人」と結びつけられたものであり、武士道や愛国心などは本来の国民性ではなく、時代と社会条件によってつくられた思想であることを論じた。国民性の歴史的形成を明らかにしようとした点で芳賀矢一の『国民性十論』とは対照的に、今日でも高く評価されている。(四八)

内藤湖南の『日本文化史研究』は鎌倉・足利の時代に国民性は支那文化の影響から自由になり、正直でありのままの姿を尊ぶようになったとする。(四九)既述の湖南の「日本文化の独立」はこの『日本文化史研究』に収められているものであり、同書収録の（一九二一年（大正一一））「日本文化とは何ぞや（其二）」では日本文化は「豆腐が出来るやうに」「豆腐になるべき成分があ」る所へ「にがりを入れると」「成分がその為に寄せられて豆腐の形になる」というようにして中国文化という「にがり」によって出来あがったものであると言う。[五〇] 既引用の（大正一三）「聖徳太子」や（大正一〇）「応仁の乱に就て」など日本文化についての深い見識が述べられている。内藤湖南のユニークさは日本文化論を中国文化との関係で展開したことでありそれは深い学識に基づくものであって、比較文化学への道を拓くものであったと思量する。

四―三　昭和・平成の『日本文化論』について

四―三―一　昭和一（一九二六年（昭和元―一九四五年（昭和二〇（敗戦））の『日本文化論』について

社会主義・共産主義、民主主義、国家主義の三つどもえの状態から国家主義が猛威を振るい始め、やがて軍国主義が席捲するのが昭和の初めから昭和二〇年までの歴史である。そうした時代状況の中で西洋に見られない日本人独特の美意識を取り上げ論じることが試みられたが、九鬼周造の（一九三〇年（昭和五））『「いき」の構造』はその代表的日本文化論であり、[五一] 谷崎潤一郎の（一九三三年（昭和八））『陰翳礼讃』も西洋（実はアメリカ）との対比で日本的な「陰翳」文化について考察した。また、和辻哲郎は（一九三五年（昭和一〇））『風土―人間学的考察』を書いて、日本人の国民性に与える環境的な影響力として日本の風土を世界各国の風土と比較して論じたが、それは昭和初年に盛んになってきたマルクス主義的な、人類の普遍性を前提とする国民性無視に対する批判として書かれたものであった。[五二]（日本的独自性の考察は国民国家の国家主義との親和性が高い。）

九鬼周造の（一九三〇年（昭和五））『「いき」の構造』は、「いき」を「垢抜して（諦）、張のある（意気地）、色っぽさ（媚態）」と定義し、「大和民族の特殊の存在形態の顕著な自己表明の一つである」としたが、九鬼が「いき」の理想像とした江戸末期の深川芸者の特質を「大和民族」に独自な生き方の一つにまで拡大し一般化した[五三]とする批判がある。

九鬼の精神上の父である岡倉天心がフェノロサを通じてヘーゲルの美学、一九世紀ドイツ観念論の見本のような精神性重視の美学から出発し、室町期の禅を根底とする精神的な文化を日本文化の最高の達成として評価したのに対し、前世紀のドイツ流の精神性重視の美学を重苦しく、硬直したものとして退けた九鬼は溌剌《はつらつ》とした具体的な生の感覚を重視する新世紀の美学、フランスの美学を採り、天心が精神性を失ったとする江戸文化、中でも江戸町人文化の美意識そのものを高く評価し、『「いき」の構造』で日本文化の粋として明らかにしようとした。[五四]

谷崎潤一郎の（一九三三年（昭和八））『陰翳礼讃』は、美は物体にあるのではなく、物体と物体のつくりだす陰翳のあや・明暗にあるとし、そこに明るさを求める「進取的な西洋人」と日本人の「気質の相違」を見い出す。[五五] 九鬼周造の「いき」が鮮明さの美意識であるのに対して、陰翳は、その対極にある「いき」が最も嫌う曖昧さ、ぼかしの美学にほかならない[五六]とする識者の考えもある。

和辻哲郎（一九三五年（昭和一〇））『風土―人間学的考察』は日本民族の特質は風土によって規定され、マルクス主義のような西洋思想をそのまま受け入れるものではないと考えたが[五七]「第二の回帰」＝二十五年戦争〜敗戦の時期にこの書が書かれ、一九三五年（昭和一〇）は二月に天皇機関説事件が始まり、同年八月に政府が天皇機関説は国体に反すると声明（第一次国体明徴声明）を発した翌月にこの書が出版されていることは記憶しておいてよい。

和辻哲郎は地球上の風土的類型をモンスーン型、沙漠型、牧場型の三つに分類し、志賀重昂の『日本風景論』が情念的、動的、立体的な自然美に価値を置く一九世紀西欧ロマン派の自然観に準拠したのに対して、それは世界的風土の比較のもとに、日本の風土と国民性の特徴をとらえようとした、戦後、盛んになった、生態学的日本人論の先駆であると言える。[五八] 和辻によると、日本人はモンスーン型の風土に適する「受容的・忍従的」な国民で、そのモンスーン的受容性、モンスーン的忍従性は季節的、突発的で、日本人は淡泊に忘れることを日本人の美徳とし、結論として

「日本の国民的性格」は「しめやかな激情、戦闘的な恬淡」であるとしている。(五九)和辻の広い「風土」の視野であれ、その環境決定論への批判は強い。

この他、ファシズムの席巻する中での日本人論、日本文化論があるが、現在ではあまり言及されることがない。詳しくは南（一九九四）一三七―一八三頁を御覧いただきたい。

四―三―二　昭和二（一九四五年（昭和二〇（敗戦）―一九八九年（昭和六四））、平成（一九八九年（平成元）―現在）の『日本文化論』について

四―三―二―一　否定的特殊性の認識（一九四五年―一九五四年）

一九四五年（昭和二〇）八月一五日、天皇の玉音放送のあった日は「終戦」記念日であるが、同年九月二日、東京湾の米国戦艦ミズーリ号上で降伏文書に署名した日が日本の「敗戦」記念日である。日本は戦後、「終戦」という言葉を使い、「敗戦」国となったことを直視しようとしなかったが、戦後七年間、GHQが日本を占領支配し、その間にただアメリカの言うことに迎合すればいいという姿勢＝「占領根性」は対米追随的態度として日本人の中にしっかりと定着し占領期、日本人はGHQの方針に反するような新聞、雑誌の記事を「自主検閲」した。(六〇)

一九四五年から現在までの『日本文化論』についてその時間の流れの中で四つの時期に分けて概説した青木保（一九九九）『「日本文化論」の変容　戦後日本の文化とアイデンティティ』中央公論新社　中公文庫（初版本は一九九〇年七月中央公論社刊）は戦後『日本文化論』の歴史を知るための名著であり、本書はその第一期を「否定的特殊性の認識」（一九四五年～五四年）としている。（以下の第二期～第四期の区分は同じく青木（一九九九）による。）この時期は日本の戦後復興期であり、坂口安吾は一九四六年（昭和二一）四月『墜落論』を書いて「墜ちる」ことに人間の意味を見出し、デ

カダンの中に自らを発見し、救う道を求めた。[六一]

一九四六年に原著が出版され、一九四八年に邦訳の出たアメリカの文化人類学者ルース・ベネディクトの『菊と刀』について、日本人は、（ベネディクトはそんなことは言っていないのに）欧米の「罪の文化」に対して、日本の「恥の文化」は劣っているという取り方をした。敗戦の中で、「否定的日本文化論」が日本否定的、日本劣等的な当時のエトス（基礎的な精神的雰囲気）によって希求された結果であろう。ベネディクトは「道徳の絶対的標準を説き、良心の啓発を頼みにする社会」は「罪の世界」であり、「悪い行ないが『世人の前に露顕しない限り、思いわずらう必要』がなく「世間」の前での「恥」が人間の行動の標準であるような社会は「恥の文化」であると分類し、日本社会は「恥の文化」であると言う。しかし、それは、文化の全体的傾向として、日本文化の特徴を「欧米」文化と比較して、述べたにすぎず、日本人が「罪」を感じず、「個人」に重きをおかないと全面的に主張しているわけではない。[六二]ベネディクトが探究したのは「文化の型」であった。日本人にも「罪」の意識は存在するし、欧米人にも「恥」の意識は存在する。

「集団主義」と「恥の文化」は『菊と刀』が日本人に提示し、その後、長く議論の対象となった問題であるが、[六三]日本の「集団主義」は独裁的な権力者対従属者という形をとらない。その理由は、たとえば「目上の者」と「目下の者」の関係は契約や規則に基づく「交換」よりも「恩」と「義理」に基づく「徳の原理」によって保たれるのであり、「恩」と「義理」は規範的な義務感で結ばれ、それはいわば精神的な「貸借」関係を形成するとベネディクトは説明している。それが「集団主義」の本質であり、集団を構成する成員同士の協調が「恩」と「義理」の関係を中心に世代・年齢・性別等の要因による上下関係で維持される。[六四]

「義理」と「義務」は全く異なり、前者は「自分の受けた恩恵に等しい数量だけ返せばよく、また時間的にも限られている負目」であるのに対して、後者は「どんなに努力してもけっしてその全部を返しきれず、また時間的にも限りのない義務」で「天皇、法律、日本国に対する義務」＝「忠」や「両親ならびに祖先（子孫を含む）に対する義務」＝「孝」がそれに当たる。(六五) ベネディクトは「義務」と「義理」を合わせて「〝オン〟（恩）の反対義務」と呼んでいる。

『菊と刀』は文化相対主義とアメリカ対日本という意識的な比較の上で書かれたものであるが、批判も多く出された。和辻哲郎はホーリスティックな、歴史も地域も集団も階層も「一般化」した「日本人」を取り上げて、「日本人の考え方」や「日本文化の型」を論じても明らかにされることはあまりないと、批判した。もっとも和辻の批判には、「個別」事象の積み重ねが「真理」に到達するという「実証主義」的で「計量的」な科学観の影響がみられ、提出された「資料」の分析の上に「想像力」を発揮するところに生まれるホーリスティックな「全体像」も得がたい学問的所産であるという和辻への批判もある。(六六)

一九四七年『現代文化の反省』で桑原武夫は、「近代性」を大きく欠く日本の現代文学を批判し、抒情性に対する執着という伝統こそ日本で本格的な近代小説が生まれなかった原因であるとして、社会性の自覚のない、思想と体験を欠いた「私小説」を批判した。(六七)

この「否定的特殊性の認識」（一九四五年～五四年）の時期をもっとも代表するのは法社会学者、川島武宜《たけよし》による日本社会の批判的分析と政治学者の丸山眞男の日本ファシズム批判である。(六八)

川島武宜は「権威」による支配と権威への無条件的服従などの四点を日本の「家族的構成」原理の主要特徴とし、それを「非近代的な家族原理」とよび、その「否定」によるしか日本の民主主義は実現しないと言い、「自発的な人格の相互尊重という民主主義的論理」と「精神的内面的な『革命』」を「絶対的に要求」したが、それは言い換えればベネディクトの指摘した、「集団主義」と「恥の文化」の否定を意味していた。(六九) それが一九四八年という時代における日本の「知識人」、広義の社会科学者の間の「常識」であった。

この時期における日本社会の位置づけは、その「否定的特殊性」を主張するものであり、その主張には、①マルクス主義的な発展段階による日本社会の位置づけと②「近代化論」からの位置づけ——の二つがあった。①は日本社会をブルジョワ革命以前の前近代的段階とし、その「文化」も封建遺制とみなし、②は西欧の近代合理主義を評価基準として、日本社会を前近代社会と考えた。[二〇]

「マルスク主義」論と「近代化」論は本来、立場を異にするが、戦後日本をとらえる点では、多くの部分で共通した見方を示しており、相補的なものと考えるべきである。日本社会を「前近代的」「封建遺制」「非合理的」「反民主主義的」などの概念的なラベルでとらえようとする点では両者の立場は一致している。戦前戦中の「皇国史観」の天皇制と軍部独裁を許容した理由を封建的社会関係と日本社会の前近代性と非合理主義に求め、それらの全「否定」の上に近代的民主主義国家として出発することを主張し、日本の仰ぐべきモデルとして「欧米」社会を掲げた。ベネディクトの指摘した日本文化の特徴は日本社会の「後進性」の特徴として受けとられ、日本社会の「遅れている」ことの理由と考えられた。[二一]

四—三—二—二　歴史的相対性の認識（一九五五年—一九六三年）

一九五〇年代の日本は吉田路線と言われる軽武装・通商国家の路線を選択した。それは非武装中立路線や国家主義的な路線より現実的な道であったが、代償として国際社会での日本の対米従属的な位置が決定した。[二二]一九六〇年には日米新安保条約が調印され、批准書が交換されて発効した。退陣した岸信介内閣に代わって池田勇人内閣が同年七月、成立し、池田内閣は一二月、「所得倍増計画」を閣議決定し、対米追従路線が更に半世紀続くこととなった。[二三]一九六

○年代は本格的な高度成長の時代である。（厳密には高度成長の時代とは一九五五年から一九七三年の第一次石油危機までのほぼ一八年間を指す。）[七四]「日本文化」の位置づけも高度成長に呼応して「否定」の見直しがなされるようになる。[七五]

「もはや戦後ではない」と『経済白書』が宣言する一九五五年を境として、「近代化」論や「マルキシズム」論とは異なる、最初に日本を飛び出した人々による比較文化的、比較文明的な、世界における日本文化・社会の位置づけを行おうとする大胆な日本文化論が出現する。この第二期「歴史的相対性の認識」（一九五五～六三）に大きな影響を与えたのが①加藤周一の日本文化の「雑種文化論」と②梅棹忠夫の「文明の生態史観序説」である。[七六]

加藤周一（一九五五・六）「日本文化の雑種性」（『思想』一九五五・六）も従来の日本文化論同様、西洋対日本という比較論の上で展開される点では新しさはない。加藤周一は戦後いち早く新しい西欧文学を日本に紹介し、同時に文芸批評や文化評論を、新しく西欧の合理主義や現代思想の手法を取り入れて行っており、その数年後にあらためて日本を発見しなおそうと試みたのが「日本文化の雑種性」である。[七七]「日本文化」の可能性を西欧近代主義の追跡の中だけでなく、また「伝統回帰」のパターンに陥るのでもなく、新たな雑種性の中に探ろうとし、結果的に日本人の「和洋折衷」的生活様式という雑種性を肯定することとなった。それは新しい高度成長の時代の視点を示すものであった。[七八]

加藤周一は日本文化を日本的なものと西洋化したものが深いところで絡んでいる雑種文化の典型とし、「雑種的日本文化の希望」（『中央公論』一九五五・七）では戦後十年間の大衆の民主主義的自覚の進展によって西洋文化を技術面だけでなく精神の糧として取り入れる条件ができ、それはいずれイデオロギーの形に結晶するはずである、そのためにイデオロギーを組み立てる概念と論理を西洋の歴史に求めなければならない、そこに日本文化が雑種的になる所以があると述べている。[七九]

加藤の「雑種文化論」は一般には次のように「読解」された。日本文化の「雑種性」には積極的な意味があり、西欧の「純粋種」に劣等感をいだく必要はない、むしろそこに「欧米」とは異なった可能性を見出すべきである。それはまた大衆が生活実感の中でとらえて楽しんでいる「雑種性」の意味を大事にすべきだということを明言することでもあって、その主張は当時の「日本人」を大いに勇気づけることとなった。(二〇)

加藤の「雑種文化論」が出た二年後の一九五七年に「文明の生態史観序説」(『中央公論』一九五七年二月号)が現れる。梅棹はこの論文で加藤の日本の「雑種文化」の積極的肯定を進めて、西欧と日本の文明の「平行進化」を主張した。(二一)加藤が文学・思想を中心に「文化」をとらえたのに対し、梅棹は「生態環境」から「文明」をとらえ、旧世界を第一地域と第二地域に分け、横長の長円にたとえた旧世界の東の端＝日本と西の端＝西ヨーロッパを第一地域のカテゴリーに入れ、両者を生活様式が高度な近代文明とした。第二地域は第一地域以外のところで、中国、インド、ソビエトなどで、その多くは戦前まで植民地か半植民地の地域であった。日本は近代化という点からみれば、他のアジア諸国に比べて、はるかに西欧に似た状態にあり、日本の明治以来の近代化の達成は単なる西欧の模倣ではなく、西欧と日本の歴史における「平行進化」であると梅棹は考える。梅棹は植物生態学で観察された「一定の条件のもとでは、共同体の生活様式の発展が、一定の法則にしたがって進行する」という考え方を基に、それを旧世界の発展史に応用しようと試みたのであった。(二二)

生態史観による第一地域、第二地域の分類は現在では新味が無いものに感じられるが、歴史主義・唯物史観・近代論の「一元的発展段階説」に支配されていた当時の日本では、大胆かつ新鮮な「世界史」のとらえ方であったと識者は言う。(二三)

この時期に「外部」の眼も日本を同じようにみていて、アメリカの社会学者ロバート・ベラーは一九五六年に『日本近代化と宗教倫理』を刊行し、日本の「近代」を西欧のそれと比較して、そこに「平行現象」を認めた。(二四)

「もはや戦後ではない」という経済白書が宣言した一九五五年を境として加藤、梅棹二人の大胆な日本文化論が出現したことは、日本文化論が状況依存的な産物であることを証明していると言えるであろう。日本人は高度成長時代にふさわしい自らを誇れる日本文化論を切望していた。それに加藤、梅棹の日本文化論が呼応し、大きな反響を呼んだと言えそうである。

四―三―二―三　肯定的特殊性の認識（一九六四年―一九八三年）

第三期「肯定的特殊性の認識」（一九六四年〜一九八三年）は「経済大国」日本の「自己確認」の追求が行われる時期であり、[六五] 青木（一九九九）は前期（一九六四年〜一九七六年）と後期（一九七七年〜一九八三年）に分け、後期の日本文化論には、それまでみられた「西欧＝近代」モデル批判へのためらいが、表面的にはみられなくなるとしている。[六六] 南博（一九九四）は占領期以降一九九四年までの総合的日本人論（≒日本文化論）の流れを三つの時期に分けて、第一期を一九六〇年から七三年くらいまでの間として、日本の社会と文化の構造から規定される対人関係を取り上げたものが目立っているとし、この時期を対人関係論の時期としている。第二期は一九七四年から八五年頃まで、日本人の集団心理的な側面、そこに共通する深層心理の問題が盛んに取り上げられるようになったことで、集団心理の時期としている[六七]（第三期は一九八六年から「現在」（一九九四年当時）までで国際化の中での日本人の生活心理が論じられた、生活心理論の時期としている[六八]）。

まず、青木（一九九九）第三期の前期の代表的日本文化論として挙げなければならないのは、中根千枝（一九六七）『タテ社会の人間関係』講談社である。南（一九九四）の対人関係論の時期（第一期）に書かれているが、中根は本書で個人の資格より集団の「場」（たとえば自分の属する職場、会社、官庁等）を重んじるのが日本の「集団主義」のあり方である、という考えを提示している。しかし、本来、資格重視のインドと異なり「場」重視の日本という「社会構造」の比較論としての中根論文（一九六四）「日本的社会構造の発見」は中根千枝（一九六七）では日本社会が「タテ社会」であるとの説として国の内外で「通説」として語られるようになった。「社会構造」の比較論は「日本文化論」のレベルで評価されたのであった。中根による「日本的社会構造の発見」とは、元来、日本人の「集団」及び「組織」原理における「タテ性」にあるということであり、その「タテ性」の決定要因は一、場の強調　二、集団による全面的参加　三、「タテ」組織による人間関係―に求められている。「場」と「集団の一体感」によって生まれた日本の社会集団は、その組織の性格を「親子」関係に擬《ぎ》せられる「タテ」性に求めることになり、それはヨーロッパモデルや日本固有モデルとも異なる「日本社会の構造を最も適切にはかり得るモノサシ（＝社会人類学でいう「社会構造」）である」というのが中根の考えである。[八九]

この中根の「タテ社会」論は、日本社会の特質を示すものとして広く日本人一般に歓迎され、それは日本近代化の「成功」、何よりも企業の「集団主義」を肯定的に、「日本人の血」による本質的なものとして積極的に評価する「論理」を提出するものとして認められた[九〇]と識者は言う。高度成長を考える日本の「タテ社会」肯定論は高度成長という時代、状況に依存しそれを反映した産物であったと言えよう。中根の日本のタテ社会に対し欧米諸国をヨコ社会とする論には当然、様々な批判があり、根本的批判としてはいかなる社会でも「タテ」の部分はあって、特殊日本的と言えるかどうか疑わしい[九一]との批判がある。また大企業などのエリート集団にはあてはまるが、庶民の集団にはあてはまらず、日本社会全体には適用できるかどうか問題である[九二]とする日本文化論の持つホーリスティック（全体的）な性格への批判もなされた。

この前期には作田啓一（一九六四）「恥の文化再考」（「思想の科学」一九六四年四月号。単行本は（一九六八）『恥の文化再考』

筑摩書房）がベネディクトの「公恥」に対する、自己と他者の間に「志向のくい違い」が生じるときに生じる「羞恥」＝「私恥」の存在を指摘し、それは両方の恥によって日本社会の発展と連帯がバランスをもって進展するとした肯定的な日本文化論であった。[九三]

尾高邦雄（一九六五）『日本の経営』中央公論社は西洋人と「前近代的」「封建的」と感じられる、「生涯雇用」「業績よりも年功による処遇制度」「従業員福祉の温情的配慮」などの要素からなる「日本的経営」を擁護した。[九四]

土居健郎（一九七一）『「甘え」の構造』は中根（一九六七）の社会論的アプローチとは異なり、精神分析と心理分析による日本文化論である。南（一九九四）の第二期（一九七四年～八五年）＝集団心理の時期の先駆けであろう。土居は日本人の「育児」様式を観察し、子供の母親への依存がその核にあり、日本人は成人後も家庭の内外で母親依存と同様の情緒的な安定を求め続けていくとした。土居の「甘え」論は日本人の「心性」と「人間関係」の基本に「甘え」があり、それは「受身的愛情希求」であり「依存性」である、その心性は「幼児的」であると論じたが、「幼児的」であることは無価値でなく、多くの文化的価値の原動力として働いてきたのであり、「義理も人情も甘えに深く根ざしている」としている。土居は「甘え」の心理を非論理的、閉鎖的、私的であると批判すると同時に、「無差別平等を尊び、極めて寛容でさえある」と評価し、その日本人の社会関係や集団にとって積極的な肯定的意味を持つと述べているが、それは中根や作田同様、従来、なされてきた「日本文化」の性格への否定的評価の「逆転」を意味しており、日本文化への肯定的認識であった。[九五]

もっとも「甘え」は李《イ》御寧《オリョン》（一九八二）『「縮み」志向の日本人』講談社が批判したように日本語独自のものではなく、朝鮮語にも「甘え」に当たる言葉があり、従来の「日本文化論」が西洋との対比でしかなされなかったことと土居（一九七一）は同一線上にあるものであった。[九六]

土居の日本文化論はキリスト教との対比の上に築かれたものであると小谷野（二〇一〇）は述べているが(九七)確かに、土居は（一九九〇）『信仰と「甘え」』春秋社で「日本人は甘えを超克しなければ日本人は真の意味でクリスチャンになりえないと私は思うのです(九八)」と述べ、更に甘えの超克といっても甘えの感受性がなくなることではなく、潤滑油としての甘えは残るだろうと甘えを全面的に否定はしていない。しかし、続けて「信仰と甘えがくっついたら非常に危険です。(九九)」と述べているから、小谷野（二〇一〇）の言うようにキリスト教との対比で土居（一九七一）が築かれたのは事実であろう。

土居（一九七一）は「近代的自我」の欠如を指摘する日本人批判論に対して、「甘え」による「他者依存」的「自分」の擁護であるが、木村敏（一九七二）『人と人との間』弘文堂は日本的なものの見方、考え方では個人以前にまず人間関係がある、人と人との間ということがあるとし、従来「否定的」にとらえられていた日本人の「自我」の積極的評価を行ったのは(一〇〇)やはり日本文化への肯定的認識であった。

一九六八年には三島由紀夫「文化防衛論」（『中央公論』一九六八年六月号、〔評論集（一九八二）『裸体と衣裳』新潮社新潮文庫〕所収）が出て、「反相対主義」的性格が濃厚な、「天皇制」を日本文化の基本と仰ぐ「絶対主義」の主張を展開したが(一〇一)「あるべき日本文化」への強烈な肯定的認識の発露であったと言えよう。

河合隼雄（一九七六）『母性社会日本の病理』中央公論社は日本社会は「母性社会」（西洋は「父性社会」）であるとしたが現在ではそれに対する否定的評価も見られる。(一〇二)

第三期の後期（一九七七年―八三年）には「日本文化」への積極的評価が中心となる。濱口恵俊（一九七七）『「日本らしさ」の再発見』日本経済新聞社は従来の研究が「日本らしさ」に迫る場合、依拠すべき行動科学的公準が設定されていなかったと批判し、日本人には日本人独自の「自律性」がその行動様式にみられることを「欧米」モデルとの対比という形でなく、提出する必要があるとする。濱口は西洋の「個人主義」に対して、「集団主義」ではなく、「間人主義」――「個人主義」の「自己中心主義」「自己依拠主義」「対人関係の手段視」という特徴に対して、「相互依存主義」「相互信頼主義」「対人関係の本質視」という特徴をもつ――が日本人の特性だと主張する。「間人主義」こそが日本人の行動様式の「公準」であると言う。[一〇三] 濱口（一九七七）に対する批判としては濱口の説では「東洋人」と「日本人」の区別がつけられておらず、いつの間にか「東洋人」が「日本人」に置き換えられてしまっていて、更には「西洋人」が常に対極にある存在とされており、この「西洋人」を対極におくこと自体、「西洋」モデルを典範とすることから脱けられず、しかも「実体」のない「西洋」という「対比」を用いるという、これまでの「日本文化論」のルーティーン化した特徴を示すという指摘、批判がなされている。[一〇四]

一九七九年には村上泰亮・公文俊平・佐藤誠三郎の共同研究『文明としてのイエ社会』中央公論社とエズラ・F・ヴォーゲル『ジャパン・アズ・ナンバーワン』が出版されている。前者は「欧米的社会分析特有の先入観」を避けるべきだという強い主張がみられ、日本のような「集団主義的文化」の下においても「分権的で非専制的な社会」は存在しうると主張する。[一〇五]

後者はそれまでの「日本文化論」が「欧米モデル」を基準として、それとの対比によって「自己認識」を行ってきたことの「裏返し」とみることができ、[一〇六] 日本の「成功」の鍵を解き明かして、アメリカの読者の参考にするという目的で企てられたものである。[一〇七] ヴォーゲルは少ない資源にもかかわらず世界のどの国よりも脱工業化社会の直面する基本的問題を最も巧みに処理してきた点で日本は他の国々が学ぶべきものを提供できる立場にあるとしているが、「日本版への序文」では、従来の日本の「国際化」は日本の都合のよい方向に世界を利用していただけで、海外援助は日本の企業にとって利益となる方向に投じられていた、日本がこのようなやり方を続ける限り国際社会で尊敬と友

好を勝ち得ていくことは難しいだろうと警告している。[一〇八]

南（一九九四）は既述のように一九七四年～八五年頃までを「集団心理の時期」としているが、日本人の深層心理が盛んに取り上げられるようになったことも「集団心理の時期」の内容としている。それはユング心理学と親和性が高く、前述の河合隼雄はユング派分析家の資格をとった人で、（一九八二）『中空構造日本の深層』中央公論社で日本神話の三神――アマテラス、ツクヨミ、スサノオ――は日本神話の中で極めて重要な位置を占めていて、ツクヨミは正体がはっきりせず、中空構造で、日本文化にはこの中空構造が深層としてあると言う。それは中心となるものは存在するが、それは全く力を持たないというシステムであり、中心は空性の体現者として存在し、無用な侵入に対しては周囲の者がその中心を擁して戦う、天皇制をこのような存在として考えるとよく理解できると論じている。[一〇九] こうした河合（一九八二）を全く根拠のないものとして小谷野（二〇一〇）は批判している。[一一〇]

四―三―二―四　特殊から普遍へ（一九八四年～）

青木（一九九九）は一九八四年～を日本文化論の第四期「特殊から普遍へ」としている。尾高邦雄は（一九六五）『日本の経営』でその積極的な価値を主張して「日本の経営」を擁護したが、約二〇年後の一九八四年『日本的経営――その神話と現実』中央公論社を書いて、全く逆の論を展開し、日本的経営のデメリットを指摘し、その「神話」の蔓延の弊害を危惧した。[一一一] その背景には「ナンバーワンの日本」と外国人に評価されていい気になる日本人の態度と行動の逸脱と、「日本的経営」に対する礼讃が批判へと風向きが変わってきた事実があった。[一一二]

一九八四年頃から日本をめぐる「経済・貿易摩擦」の度が一層深まり、深刻な様相を呈しはじめ「日本叩き」的な論調が欧米のマス・メディアに現れるようになり、一九八六年にはピーター・デール『日本的独自性の神話』が出版された。この本は全篇「日本文化論」批判で埋めつくされていた。[二三]デールは「日本人論」「日本文化論」は①日本人の文化的社会的な同質的人種的存在の形成②日本人の他民族との異質性③民族主義的で外部の非日本人の研究へ敵意を示すこと――を主張し、日本文化肯定の、日本人による立論はすべて「自民族中心主義的」で異文化「敵視」に彩られた国粋主義的思考の産物だと断定した。これに対して、デールの研究にはベネディクトの『菊と刀』のような「複眼的」視点が欠如していると識者は批判している。[二四]

一九八七年には日系アメリカ人の文化人類学者ハルミ・ベフによる『イデオロギーとしての日本文化論』思想の科学社が出版されている。本書でベフは日本文化論を「目的があってつくられたイデオロギー」ないし「神話」であり、「体制に役に立つ」ための産物であると主張している。[二五]

カレル・G・フォン・ウォルフレン（一九八六）「日本問題」（米外交誌『フォーリン・アフェアーズ』掲載の論文。『諸君』一九八七年四月号）は国際社会における「日本神話」の終焉を告げるものであり、日本の制度や慣行を「日本文化」と祭り上げて、その矛盾と欠陥を覆い隠してしまう傾向に批判の目を向けた。[二六]

こうした「外圧」の中で高まってくる日本における「国際化」論は以下の、二つの対立する意見を一般的傾向として生み出した。[二七]第一は一種の「鎖国論」的主張で、日本の「国際化」には限度があり、外国人や異文化との交流も、日本文化・日本社会の特質をふまえて行うべきであると主張する立場である。第二は、「開国論」的主張で「自文化」を制限しつつ「国際化」を行う必要があると主張する立場である。「鎖国論」も「開国論」も「欧米」対「日本」という図式をふまえることを前提としているのは興味深い。

一九八九年一二月三日の米露の冷戦終結の確認は世界が平和に向かうことを意味せず、アメリカにとっての最大の経済的脅威が日本となり、アメリカの軍事力の維持のために新たなアメリカの脅威が必要となり、新たな敵としてク

ローズアップされたのがイラク・イラン・北朝鮮という「ならず者国家」であった。[二八]

一九八八年と一九八九年、そうした日本をめぐる状況を反映する二つの日本論が現れた。一つはウォルフレン『日本権力の謎』であり、もう一つはジェームズ・ファローズの「日本封じ込め」である。（前者の邦訳は国弘正雄訳（一九八八）『日米逆転』ダイヤモンド社、後者の邦訳は小松修幸訳「日本封じ込め」「中央公論」一九八九年七月号。）ともに世界の中心の一つとなった日本の「閉じられた」政治経済システムに対する批判的解剖を目的としている。（前者は日本における「権力」とは何かを追究した論考であり、後者は世界における日本の位置を問う「時局論」という相違はある。[二九]）日本の「肯定的特殊性の認識」が八〇年代後半に入ると、外部からの日本についての「否定的特殊性の認識」を逆に導き出したと青木（一九九九）は言う。[三〇]

「文化論」的にみた場合、八〇年代に入ってから欧米に「反文化相対主義への流れ」が生じ、西欧近代が生み出した理念と制度の、人類にとっての普遍的価値を評価して、再度、原点に戻って世界をとらえなおすべきだという主張が強く起こってきた。八〇年代に出現してくる「日本見直し」論の日本研究や「日本論」も、この「反文化相対主義」の流れの中で出てきたものであった。[三一]

更にもう一つの「文化論」的な世界の流れの変化がある。それはソビエト崩壊に伴う深刻な民族間の対立問題の存在であり、「反文化相対主義への流れ」が「普遍性」を強く主張する動きとすると、それは「個別性」を強く主張する動きである。両者は重層的に進行しており、どちらも日本の世界における立場に影響を与えずにはおかない。[三二]

「普遍性」と「個別性」のバランスは今、世界で強く求められるものであるが、現実には、アメリカという「普遍性」が世界の民族などの「個別性」を圧迫し、有無を言わせぬ拝金主義が世界を支配しようと跋扈《ばっこ》するのを目《ま》の当たりにする時、又、アメリカの「普遍性」に対して、一部の過激派がテロリズムを行うのを目の当たりにする時、今後、

「日本文化」「日本文化論」はそれらの状況にどのように必要な智慧と方途を提供できるのであろうか。

これからの『日本文化論』は世界の状況の中で、欧米との対比だけではなく、他の文化との比較を視野に入れた、比較文化学の一翼を担うものとして深化していくべきであるというのが筆者の偽らざる心境であることを述べて、本章をひとまず終わりたいと思う。

五　結び

以上、「『日本文化論』の研究」として、明治以前、明治・大正・昭和・平成と主だった『日本文化論』について通観してきたが、日本文化論の状況依存性はより厳しく言えば、日本文化論における「肯定」も「否定」も「外部」との関係で現れるものであることから、「肯定」も「外圧」に対して「否定」に容易に転化する傾向を示さずにはいない。[三三]「その大きな理由は、「日本文化論」の根拠とすることが、結局、「経済」と「技術」(あるいはその複合体)の「実用性」に求められ、決して「思想」や「科学」の「発達」や「内容」に求められていないからである。「日本文化論」が「外部」に弱いことは、それ自体の固有の「価値」をもたないからである」。[三四]といって日本文化の純粋化運動を行っても①日本の西洋化②純粋、日本的なものの希求——はともに過去において失敗しているのであり、[三五]我々は第三の道を歩むしかない。それは既に述べたが比較文化学の一翼としての日本文化論の深化によって達成されるのではないかというのが筆者の予想である。日本文化を欧米との比較だけで行うのでなく、中国や東アジア、アジアとの比較において行うとき、より客観的で説得力のある日本文化論が生まれてくることであろう。「三点測量」の視点も同様のまなざしである。日本文化論の「客観性」については、比較文化学同様「言語の対照研究」を基礎に置くことを提唱したい。そのことについては筆者の他の著書を参考にしていただければ幸いである。

〔注〕

(一) 以下の記述は日本人論―Wikipedia（二〇一五・三・一八閲覧）に基づく。
(二) 小谷野敦（二〇一〇）九一頁。
(三) 山折哲雄（平成二三）「解説」寺田寅彦（平成二三）所収。
(四) 内田樹（二〇〇九）五七頁。
(五) 内田樹（二〇〇九）二四六頁。
(六) 内田樹（二〇〇九）二四六頁。
(七) 内田樹（二〇〇九）二五〇頁。
(八) 内田樹（二〇〇九）二二頁。
(九) 小谷野敦（二〇一〇）九一―九二頁。二〇〇〇年三月一四日「朝日新聞」夕刊。
(一〇) 小谷野敦（二〇一〇）九二頁。
(一一) 築島謙三（二〇〇〇）（上）一七頁。
(一二) 以下の文明と文化についての記述は西川長夫（一九九八）七四―八一頁。に基づく。
(一三) 以下の記述は主として西川長夫（一九九八）五　欧化と回帰―ナショナルな表象をめぐる闘争について―一〇五―一二一頁に基づく。
(一四) 同(一三)
(一五) 西川長夫（二〇一三）一一〇―一一一頁。
(一六) 西川長夫（二〇一三）一一一頁。
(一七) 小谷野敦（二〇一〇）二二三頁。
(一八) 川田（二〇〇八）一九頁。
(一九) 以下の縄文と弥生の記述はhttp://wwwnichibunacjp/graphicversion/dbase/forum/text/fn〇一六,htmlやhttp://wwwasahi―netorjp/~vb七y―td/kt/一七〇六二〇htm閲覧　及び藤田昌志（二〇一一）二〇―二一頁による。
(二〇) 以下の岡本太郎についての記述は主として大久保喬樹（二〇〇三）一九五―二〇六頁による。また四―一　明治以前の『日本文化論』について―とは、具体的内容としては明治以前について近現代の『日本文化論』関係書がどのようにとらえているかという記述が中心になっていることを付言しておく。「明治以前についてその時代時代に書かれた」『日本文化論』（たとえば北畠親房『神皇正統記』等）については日本歴史関係で論じられるのが適切と考えたのでそうした記述となった。（『日本文化論』について出版された本もそうしたものが多い）。その意味で本研究は基本的に明治以後の『日本文化論』関係書を扱っているものである。このことは『日本文化論』の特徴に関係することであり、『日本文化論』について「全体性」がよく問題になることから考えれば、望ましいことではないが、日本歴史関係でもそれぞれの時代区分で棲み分けがなされていることを考えれば、今後、何らかの方策を講じるのは必要であるとはいえ、日本の「学問」が「分析」を中心としていて、「総合」を中心としていないことと平行関係にある問題であり、『日本文化論』が果たして「学問」足りえるかといった根本的な問題に関係する事柄であることを現状では述べるにとどめておきたい。『日本文化論』は共時的なものが主流であるから、通時的視点も視野に入れるべきであるということである。このことは筆者の比較文化学についての考えとも軌を一にするものである。

(二一)　内藤湖南（大正一三）「聖徳太子」五一—六〇頁。内藤虎次郎（昭和四四）『内藤湖南全集』（以下、『全集』と略す）第九巻『日本文化史研究』所収。

(二二)　内藤湖南（昭和四）「飛鳥朝の支那文化輸入に就きて」内藤虎次郎（昭和四四）『全集』第九巻　一七〇頁。

(二三)　内藤湖南（大正一〇）「日本文化とは何ぞや（其二）」内藤虎次郎（昭和四四）『全集』第九巻　一八頁。

(二四)　鈴木修次（昭和五三）一八頁。

(二五)　大久保喬樹（二〇〇三）頁。七一—七三頁。

(二六)　内藤湖南（大正一一）「日本文化の独立」内藤虎次郎（昭和四四）『全集』第九巻　一一〇—一一九頁。

(二七)　小倉和夫（二〇一三）一六八頁。

(二八)　小倉和夫（二〇一三）二〇三—二〇四頁。

(二九)　小倉和夫（二〇一三）六八—七〇頁。二〇〇—二〇四頁。

(三〇)　内藤湖南（昭和七）「先哲の学問　山崎闇斎の学問と其発展」内藤虎次郎（昭和四四）『全集』第九巻　三二一—三四八頁。

(三一)　内藤湖南（昭和七）「先哲の学問　山崎闇斎の学問と其発展」内藤虎次郎（昭和四四）『全集』第九巻三二三頁。

(三二)　高坂正顕（一九九九）九五頁。

(三三)　福沢諭吉（一八八五）『脱亜論』福沢諭吉著　岩谷十郎　西川俊作編（二〇〇三）第八巻　二六四—二六五頁。

(三四)　大室幹雄（二〇〇三）一四頁。

(三五) 大久保喬樹(二〇〇三)一三頁。
(三六) 大久保喬樹(二〇〇三)一四―一五頁。
(三七) 藤田昌志(二〇一一)一五九頁。
(三八) 大久保喬樹(二〇〇三)四八―四九頁。
(三九) 南博(一九九四)一五―三〇頁。
(四〇) 南博(一九九四一八頁。
(四一) 以上は南博(一九九四)四四―六三頁に基づく。
(四二) 石川啄木(一九八〇)九九頁。
(四三) 西川長夫(二〇一三)一一〇―一一一頁。
(四四) 南博(一九九四)六七頁。
(四五) 南博(一九九四)六九―七〇頁。
(四六) 南博(一九九四)七〇―七一頁。
(四七) 南博(一九九四)七九―八三頁。
(四八) 南博(一九九四)八五―八六頁。
(四九) 南博(一九九四)八八頁。
(五〇) 内藤湖南(大正一〇)「日本文化とは何ぞや(其二)」内藤虎次郎(昭和四四)『全集』第九巻 一八頁。
(五一) 南博(一九九四)一一一頁。
(五二) 南博(一九九四)一一一―一一二頁。
(五三) 南博(一九九四)一一六頁。
(五四) 大久保喬樹(二〇〇三)一四二頁。
(五五) 大久保喬樹(二〇〇三)一一八頁。
(五六) 大久保喬樹(二〇〇三)一六六―一六七頁。
(五七) 南博(一九九四)一二三頁。
(五八) 南博(一九九四)一二三頁。

(五九) 南博（一九九四）一二三―一二四頁。
(六〇) 孫崎享（二〇一二）一二四―一二八頁。
(六一) 青木保（一九九九）五九―六〇頁。
(六二) 青木保（一九九九）五四―五五頁。
(六三) 青木保（一九九九）五〇頁。
(六四) 青木保（一九九九）五二頁。　ベネディクトの「日本人の世間への「義理」の観念と、アメリカ人の借金返済の観念との間には、もう一つの類似点がある。「義理」の返済は正確な等量の返済と考えられる。」ルース・ベネディクト　長谷川松治訳（二〇〇五）一七五頁という言辞は「恩」と「義理」の精神的な「貸借」関係を説明している個所である。
(六五) ルース・ベネディクト　長谷川松治訳（二〇〇五）一四四―一四五頁。
(六六) 青木保（一九九九）三五頁。四四―四五頁。
(六七) 青木保（一九九九）　六〇頁。
(六八) 青木保（一九九九）六二頁。
(六九) 青木保（一九九九）六三―六四頁。
(七〇) 青木保（一九九九）六四―六五頁。
(七一) 青木保（一九九九）六五―六七頁。
(七二) 中村政則（二〇〇五）六〇頁。　孫崎享（二〇一二）一七四―一七八頁。
(七三) 孫崎享（二〇一二）二二〇頁。
(七四) 中村政則（二〇〇五）八五―八六頁。
(七五) 青木保（一九九九）六八頁。
(七六) 青木保（一九九九）六八―六九頁。
(七七) 青木保（一九九九）六九―七〇頁。
(七八) 青木保（一九九九）七〇頁。
(七九) 南博（一九九四）二〇五頁。
(八〇) 青木保（一九九九）七三―七四頁。

(八一) 青木保（一九九九）七四頁。
(八二) 青木保（一九九九）七五―七七頁。　南博（一九九四）二七七―二七八頁。
(八三) 青木保（一九九九）七七頁。
(八四) 青木保（一九九九）八〇頁。　R・ベラー／堀一郎・池田昭訳（一九六二）。
(八五) 青木保（一九九九）八七頁。
(八六) 青木保（一九九九）一一七頁。というより、より「日本文化」への積極的評価が中心になると言ったほうがよい、と補足している。青木保（一九九九）一九六―一九七頁。〔注〕(四五)
(八七) 南博（一九九四）二一六頁。
(八八) 南博（一九九四）二一六頁。
(八九) 青木保（一九九九）八九―九四頁による。
(九〇) 青木保（一九九九）九五頁。
(九一) 小谷野敦（二〇一〇）九九頁。
(九二) 南博（一九九四）二三〇頁。二三九―二四〇頁　米山俊直（一九七六）参照。
(九三) 青木保（一九九九）九七―一〇〇頁。
(九四) 青木保（一九九九）一〇二―一〇三頁。
(九五) 青木保（一九九九）一〇五―一〇七頁。
(九六) 小谷野敦（二〇一〇）一五頁。
(九七) 小谷野敦（二〇一〇）二〇頁。
(九八) 土居健郎（一九九〇）三六頁。
(九九) 土居健郎（一九九〇）三六頁。
(一〇〇) 青木保（一九九九）一〇八―一一一頁。
(一〇一) 青木保（一九九九）一一二―一一五頁。
(一〇二) 小谷野敦（二〇一〇）三六頁。
(一〇三) 青木保（一九九九）一一七―一一九頁。

(一〇四) 青木保（一九九九）一二〇―一二一頁。
(一〇五) 青木保（一九九九）一二二―一二七頁。
(一〇六) 青木保（一九九九）一三〇頁。
(一〇七) 青木保（一九九九）一二九頁。
(一〇八) 青木保（一九九九）三七一―三七二頁。
(一〇九) 南博（一九九四）二四八―二四九頁。　小谷野敦（二〇一〇）三九頁。
(一一〇) 小谷野敦（二〇一〇）三九頁。
(一一一) 青木保（一九九九）一三四―一三七頁。
(一一二) 青木保（一九九九）一三七頁。
(一一三) 青木保（一九九九）一四一―一四三頁。
(一一四) 青木保（一九九九）一四三―一四五頁。
(一一五) 青木保（一九九九）一四六頁。
(一一六) 青木保（一九九九）一五二―一五三頁。
(一一七) 以下の「二つの対立する意見」の記述は青木保（一九九九）一五四―一五五頁による。
(一一八) 孫崎享（二〇一二）三一三―三一四頁。
(一一九) 青木保（一九九九）一六六―一六七頁。
(一二〇) 青木保（一九九九）一七四頁。
(一二一) 青木保（一九九九）一七五―一七八頁。
(一二二) 青木保（一九九九）一七九―一八一頁。

〔引用文献・参考文献〕

南博（一九九四）『日本人論―明治から今日まで』岩波書店
大久保喬樹（二〇〇三）『日本文化論の系譜』中央公論新社　中公新書
孫崎享（二〇一二）『戦後史の正体　一九四五―二〇一二』創元社

青木保（一九九九）『「日本文化論」の変容　戦後日本の文化とアイデンティティー』中央公論新社中公新書
ルース・ベネディクト　長谷川松治訳（二〇〇五）『菊と刀　日本文化の型』講談社　講談社　学術文庫
中村政則（二〇〇五）『戦後史』岩波書店　岩波新書　新赤版
小谷野敦（二〇一〇）『日本文化論のインチキ』幻冬舎　幻冬舎新書
米山俊直（一九七六）『日本人の仲間意識』
加藤周一（一九五五）「日本文化の雑種性」（一九五五・六『思想』）
梅棹忠夫（一九五七）「文明の生態史観序説」（一九五七・二『中央公論』）
R・ベラー（一九六二）堀一郎・池田昭訳『日本近代化と宗教倫理』未来社
中根千枝（一九六七）『タテ社会の人間関係』講談社
作田啓一（一九六八）『恥の文化再考』筑摩書房
土居健郎（一九七一）『「甘え」の構造』弘文堂
李御寧（一九八二）『「縮み」志向の日本人』講談社
土居健郎（一九九〇）『信仰と甘え』春秋社
木村敏（一九七二）『人と人との間』弘文堂
三島由紀夫（一九六八）「文化防衛論」『中央公論』一九六八年六月号　三島由紀夫（一九八三）『裸体と衣装』新潮社　新潮文庫　所収
河合隼雄（一九七六）『母性社会　日本の病理』中央公論社
濱口恵俊（一九七七）『日本らしさの再発見』日本経済新聞社
村上泰亮・公文俊平・佐藤誠三郎（一九七九）『文明としてのイエ社会』中央公論社
エズラ・F・ヴォーゲル（一九七九）『ジャパン・アズ・ナンバーワン』TBSブリタニカ
河合隼雄（一九八二）『中空構造　日本の深層』中央公論社
尾高邦雄（一九六五）『日本の経営』中央公論社
尾高邦雄（一九八四）『日本的経営―その神話と現実』中央公論社
ピーター・デール（一九八六）『日本的独自性の神話』抄訳『中央公論』八六年一一月号

ハルミ・ベフ（一九八七）『イデオロギーとしての日本文化論』思想の科学社
カルム・G・フォン・ウォルフレン（一九八六）『日本問題』米外交誌『フォーリン・アフェアーズ』掲載の論文『諸君』一九八七年四月号
ウォルフレン　国広正雄訳（一九八八）『日米逆転』ダイヤモンド社
ジェームス・ファローズ　小松修幸訳『日本封じ込め』『中央公論』八九年七月号
桑原武夫（一九四七）『現代日本の反省』白日書院
川島武宣（一九四九）『日本社会の家族的構成』学生書房
小谷野敦（二〇一〇）『日本文化論のインチキ』幻冬舎　幻冬舎新書
山折哲雄（平成二三）「解説」寺田寅彦（平成二三）所収
寺田寅彦（平成二三）「天災と日本人」寺田寅彦（平成二三）所収
寺田寅彦（平成二三）『寺田寅彦随筆選』角川学芸出版　角川ソフィア文庫
内田樹（二〇〇九）『日本辺境論』新潮社　新潮新書
二〇〇〇年三月一四日　朝日新聞　夕刊
築島謙三（二〇〇〇）『「日本人論」の中の日本人』（上）講談社　講談社学術文庫
築島謙三（二〇〇〇）『「日本人論」の中の日本人』（下）講談社　講談社学術文庫
西川長夫（一九九八）『国民国家論の射程』柏書房
西川長夫（二〇一三）「五欧化と回帰―ナショナルを表象をめぐる闘争について」西川長夫（二〇一三）所収
西川長夫（二〇一三）『植民地主義の時代を生きる』平凡社
川田順造（二〇〇八）『文化の三角測量　川田順造講演集』人文書院
藤田昌志（二〇一二）『日本文化概論Ⅰ―地理編・歴史編一（原始・古代・中世・近世）―』私家版
大久保喬樹（二〇〇三）『日本文化論の系譜』中央公論新社　中公新書
内藤湖南（大正一三）「聖徳太子」内藤虎次郎（昭和四四）『内藤湖南全集』（以下、『全集』と略す。）第九巻『日本文化史研究』所収
内藤湖南（昭和四）「明日鳥朝の支那文化輸入に就きて」内藤虎次郎（昭和四四）『全集』第九巻　所収
内藤湖南（大正一〇）「日本文化とは何ぞや（其二）」内藤虎次郎（昭和四四）『全集』第九巻　所収

鈴木修次（昭和四三）『中国文学と日本文学』東京書籍
内藤湖南（大正一一）「日本文化の独立」内藤虎次郎（昭和四四）『全集』第九巻　所収
小倉和夫（二〇一三）『日本のアジア外交：二千年の系譜』藤原書店
内藤湖南（昭和七）「先哲の学問　山崎闇斎の学問と其発展」内藤虎次郎（昭和四四）『全集』第九巻　所収
高坂正顕（一九九九）『明治思想史』燈影舎
福沢諭吉（一八八五）『脱亜論』福沢諭吉著　岩谷十郎　西川俊作編（二〇〇三）所収
福沢諭吉著　岩谷十郎　西川俊作編（二〇〇三）『福沢諭吉著作集』慶応義塾出版会
大室幹雄（二〇〇三）『志賀重昂　日本風景論精読』岩波書店　岩波現代文庫
藤田昌志（二〇一一）『明治・大正の日中文化論』三重大学出版会
南博（一九九四）『日本人論―明治から今日まで』岩波書店
石川啄木（一九八〇）『石川啄木全集』第四巻　評論感想　筑摩書房
内藤虎次郎（昭和四四）『内藤湖南全集』第九巻　筑摩書房

第四章　中国「反日」論と日本「反中」論

一　序

日中間は一九七〇年代、第一次中国ブームが起こり、「友好の人士往来」を軸に交流が進んで、日中関係は比較的順調に進展した(一)。続く八〇年代は経済中心の交流が進み、日中関係はやはり順調に発展し、内閣府による世論調査でも「中国に親しみを感じる」「日中関係は良好」と六〇~七〇%の人々が肯定的に答えていた。「日本から中国」への一方向レベルが主な流れであった(二)。

九〇年代は天安門事件が日本人の対中感情に冷水を浴びせ、中国は日本にとって「学ぶ」対象ではなくなり、「眺める」対象となった(三)。一九九六年には日中国交回復後、中国に対して親近感を抱く人が四五%であるのに対して、親近感を抱かない人が五一・三%と初めて親近感を抱かない人が抱く人の比率を超えた(四)。

一九九三年(平成五)八月四日の慰安婦問題に関する「河野談話」の表明、八月一〇日の細川護熙首相の日中戦争「侵略戦争」承認発言、一九九五年(平成七)八月一五日の「村山談話」と日本政府は過去への内省、反省を明示的に述べているが、それを否定するような前年の一九九四年五月の永野茂門法相による「南京大虐殺はでっち上げ」発言(のち辞任)、同年八月の桜井新環境庁長官の侵略戦争否定発言(のち辞任)は中国人民の日本への懐疑心を高めるものであった。

日本政府は中国政府と異なり、政治家個人を強力にコントロールすることが難しいことも災いしている。そのことを中国があまり理解していないことが誤解を深める要因となっている。

二〇〇〇年代に小泉純一郎首相は毎年、靖国神社に参拝し、中国との関係は冷えきったが、小泉の参拝は日本人の「小中華主義」意識をくすぐり、小泉は人気を博して長期政権を維持した。(五) 本章では中国「反日」論と日本「反中」論について双方向から比較文化学的に考察し、よりよき両国関係模索の基礎的研究としたい。

二　中国「反日」論

二―〇　中国の「反日」とは？

そもそも中国の「反日」とは何であろうか。字義通りには中国が日本に反対することであるが、①それはいつ頃からか、②またなぜ、その原因、理由は何か――といったことを考え、できれば中国「反日」の定義を行うのが明確な中国「反日」の理解、把握のために必要である。①は通時的（＝歴史的）考察（そしてそれと対をなす共時的考察）の必要性に通《つな》がり、②には政治・経済・文化の各方面からの原因、理由の究明が必要とされる。

「反日」感情の定義については「反日」は「感情」であって「思想」ではなく、日本への憎悪（日本軍によって、数千万の人民、あるいは家族、親戚、友人、知人が殺された具体的事実に基づく）を乗り越えて、「反ファシズム」思想で未来へ進もうと頭では理解しても、家族を無残にも殺されたという感情は消えない、いや消えなくて当たり前で、それがつまり「反日感情」（＝反日）である(六)というのが一番、真実に近いであろう。これが民衆の「反日」の定義である。

二―一　中国「反日」論の通時的考察

中国の反日は蔑視感の倒錯した現象であると横山宏章（二〇〇五）は言う。(七) 以下、社会、国家、政治の「反日」論を扱う。中華文明が周辺の夷狄を教化している間は反日も反中も起こらないが、中華文明が衰退、混乱すると周辺の「夷狄」が中華に挑戦し、時に中国への侵略の挙にでる。それに対して中国では野蛮な夷狄への敵愾心が生じ、「反金」（女真族の北方支配への抵抗）「反元」（モンゴル族支配打倒）「反清」（満州族駆逐）、そして「反日」（日本への抵抗）の愛国主義の民族意識が高まった。

アヘン戦争後、西欧列強が中国を侵略すると、西欧文明を排斥する排外的な「反洋」意識から抵抗ナショナリズムが生まれた。その代表は一九〇〇年に頂点を迎えた義和団運動にみられる帝国主義列強に抵抗する排外運動である。日本が西欧帝国主義列強の一員として中国への侵略に着手すると、初めて中国に反日意識が形成された。その日本への反発＝反日は①東夷である日本への蔑視感から形成される伝統的な反発と②帝国主義的発展を成し遂げた近代国家の日本に対する抵抗ナショナリズム的反発――の二種類が混在したものであった。

中国の歴史教科書では一八七四年の台湾出兵、一八七九年の琉球処分から一貫して日本は軍国主義のもとで中国侵略をもくろんできたと言い、また日本の軍国主義による中国侵略が中国の反日ナショナリズムを生みだしたと説明するが、李鴻章のような指導者には伝統的士大夫意識による「軽日観」、近代化に成功した明治政府への「羨日」、軍事大国になった日本への「畏日」、そして「反日」意識が複雑にからまっていたのであり、中国「反日」論一色であったわけではない。現実はもっと重層的である。

一九一五年の対華二一カ条要求には中国で決定的な反日感情が高まった。日本は帝国主義の原則に沿って行ったつもりであったが、中国からすれば地方警察官庁に多数の日本人を雇うこと、中国の中央政府に政治・財政・軍事顧問として有力日本人を雇うこと、日本から兵器を供給し、日中合弁の兵器工場を設立すること等を内容とする要求は、内政干渉的要求が強く、倒底、中国人民には受け入れ難いものであった。(八)

翻って、通時的に見てみると、隋の大業三年、倭国の王、多利思比狐《たりしひこ》が小野妹子を隋に遣わしたが、その国書に「日出ずる処の天子、書を日没する処の天子に致す。恙《つつが》無きや云々」とあった。煬帝はこれを見て「悦ばず、鴻臚《こうろ》卿に謂いて曰く」「蛮夷の書、無礼なる者《こと》有り、復《ま》た以て聞する勿かれ(九)」＝「無礼な蛮夷の書は二度と奏上するな」と(煬帝が)言ったというのは「東夷」＝日本の「蛮夷」の書など見るのも汚らわしいと言ったところか、はなもひっかけないと言うことで「反日」どころか「嫌日」で日本は相手にされていない。

秀吉の文禄の役、慶長の役の後、「明の世の終わるころまで倭に通ずるの禁、甚だ厳なり。閭巷(村里)の小民、倭を指して相詈罵《あいりば》するに至り(＝悪口をいうとき「この倭人め」と言い)、甚だしきは以てその小児女を嚇ず(＝「倭人が来るぞ」と言って子供を黙らせた)と云う」(『明史』日本)(一〇)。倭寇の「倭」は日本人ばかりではなく、中国の沿海民・貿易業者も多く含まれていたから(一一)「倭」＝日本人とは必ずしも言えないのだが、「倭人」が当時、野蛮な人間とみなされていたこと、野蛮なイメージでみられていたことは「反日」の温床となったことであろう。識者は「倭」は、日本人以外の中国の沿海民・貿易業者も多く含む者であるのに、そんな実情をほとんど無視し、日本の内情にもほとんど無知のまま「倭」を日本と決めつけて敵視する思考様式が、このネーミングを導いている。「反日」思考のプロトタイプが、ここにあるともいえよう。(一二)」と厳しく、偏見と排他の「反日」思考のプロトタイプを批判している。

清朝は西洋と日本をいずれも「蕃夷」の国と位置づけ、本来、中国に朝貢すべき国と考えた。もっとも地理的、歴史的理由から朝鮮半島を華夷秩序の中に位置づけなければならないのに比べて、日本は観念的には華夷秩序に従うべき国であったが、実際上は海をへだてていることもあり、華夷秩序内に是非とも位置づけなければならない対象ではなかった。[一三] 清も観念的な朝貢関係を日本に具体的に表明したことはある。その際、清は朝鮮を窓口とした。一六四四年、清の順治帝は中国大陸に漂流した日本人一三名を日本へ送還することにし、朝鮮国王にその返還を依頼した。返還の措置をとる理由を次のように述べている。清は「今ヤ内外ヲ一統シテ四海ヲ家ト為シ各国人民ミナ朕ノ赤子ナレハ務メテ所ヲ得サシメ以テ皇仁ヲ弘ムヘシ」。自らの日本への考え＝徳治主義＝日本の観念的朝貢国扱いを表明しているのである。[一四]

明治になると、「万国公法」を基準とする日本と朝貢体制の維持に固執する清国の間では話が嚙み合わず、一八七〇年（明治三）の九月に結ばれた日清修好条規は対等の関係で結んだ条約であったが、一八七四年（明治七）の日本の台湾出兵、一八七九年（明治一二）の琉球処分は清の日本への警戒心を高め、「倭寇」の記憶からも日本を朝鮮半島・東南沿海の潜在的な軍事的脅威と位置づけ、日本の西洋化による脅威に対して警戒感が弥増《いやま》す、というのが一八七〇年代の清朝の対日政策の基礎にある認識と感覚であった。[一五]

清朝の朝鮮への「積威」を日本の「武威」によって払いのけようとしたのが日清戦争であり、一〇年後、奇跡の勝利を得たのが日露戦争で、第一次世界大戦で「漁夫の利」を得た日本は、アジアモンロー主義とともにアジアの近代化を自らの使命として中国へ侵攻していった。中国の「反日」は日露戦争後、武力を基礎とする日本に対して政治的、経済的、文化的に燃え上がることになった。抗日統一戦線が決成され「反日」＝愛国主義が広がった。

二―二　中国「反日」論の共時的考察

一九四五年（昭和二〇）から現在、二〇一七年（平成二九）までを便宜上、共時として、以下、中国「反日」論の共時的考察を行う。

一九四五年八月一四日、ポツダム宣言受諾を連合国に通告し、八月一五日天皇の玉音放送によって敗戦を知らされた日本国民は、九月二日、東京湾内のアメリカ戦艦ミズーリ号上で、日本が連合国との間で降伏文書に調印したことを知る。これより実質的にはアメリカによる七年間にわたる日本の占領支配が行われた。占領当初のアメリカの対日政策＝軍事解体、経済解体、民主化促進＝はソ連への対抗上、日本の経済力、工業力を利用するのがアメリカの国益だと判断したアメリカによって一九四八年（昭和二三）、一気に戦略転換され、米ソ冷戦の中で日本は否応なくアメリカ陣営に組みこまれていった。中国は対立するアメリカ陣営の日本に対し警戒の念を持ち、軍国主義復活に異常なまでに神経をとぎすました。自らの国土で人民を大量に殺害されたのだから、当然の反応であったと考えられる。中国は毛沢東の中間地帯論などによって、日本人を日本軍国主義者と一般人民の二つに分け、後者は中国人民と同じ戦争の犠牲者であるという考えに立ち、中国人民を説得した。前者の日本軍国主義者は全き悪い敵であるから、徹底して批判し、二度と復活させてはならないと考える。それが一九七八年に靖国神社がA級戦犯を合祀して以降、天皇ですら参拝していないのに、一九八五年八月一五日、中曽根首相が公式参拝し（以降、胡耀邦が批判されるのを回避するため参拝せず）、小泉首相は在任中、二〇〇一年から二〇〇六年まで毎年、靖国参拝を行い、最後の二〇〇六年（平成一八）にはダメ押しのように八月一五日に参拝している。一種の小中華主義の表れであろう。そのため、中日間の関係は「政冷」の度を増した。

中国も一度、決めた日本軍国主義者と日本人民の峻別には融通性がなく、A級戦犯を祀る靖国神社に参拝する者はすべて軍国主義者とみなし、とりわけ政治家には厳しい。思うに中国の「反日」は日本政府の姿勢、方針、言行に対するものであって、「日本国民」についてのものではないようだ。このことには注意しておく必要がある。一九七八年一〇月、日中平和友好条約の批准書交換のため鄧小平が来日して、批准書交換を記念して、中国で日本映画週間が行われ、高倉健や栗原小巻の映画が放映された。中国人民はこれによって日本社会に多大なる興味を持ち、そのソフトパワーの威力は非常に大きなものがあった。遅れているのは自分たちの方ではないかと中国人民は思い、日本の発展した社会に羨望の念を持ち、中国人の日本留学ブームが巻き起こった。中国人の心の中には政治的に中国人の心を踏みにじる行為を行う日本政府、日本政治家への「反日」意識とともに、日本製品に対する信頼感、日本社会への羨望が同居している。

一九八二年七月の第一次教科書問題は中国政府による日本政府への「反日」行為である。この年の三月、ソ連のブレジネフ書記長がタシュケント演説で「すべての前提条件なしで（中略）ソ中関係改善について措置を取る用意がある」と述べ、中国はそれを待っていたかのようにソ連主敵の外交戦略を方向転換する。同年九月に党一二回大会で「独立、自主の外交」いわゆる「全方位外交」の方針を確立する。この新たな外交戦略が、日中外交では歴史問題の浮上という副産物をもたらすことになったのである。(一六) 中国の対外関係が日中関係に影響を及ぼし、中国「反日」論が生じる好例である。

中国における二〇〇五年の「反日」デモに到る過程、背景をその数年前からたどってみよう。二〇〇〇年一月に「ピースおおさか事件」があった。同年一月二三日に、日本の右翼団体が大阪の公共施設である「ピースおおさか」で「二〇世紀最大の嘘・南京大虐殺の徹底検証」というタイトルの講演会を開催し、南京大虐殺を否定する内容の講演を行い、国際的注目を浴びた。(一七) 集会内容に問題があるからと言って日本では政府が権力的な措置を取ることはない。それは違憲であり、許されないのである。しかし、社会の隅々にまで政府の政治的統制が行き届いている中国では、こうした感覚は一般的ではない。そこに一つの大きな行き違いがある。日本の教科書についても同種の行き違いがあり、文科省の教科書検定を通過することと、その教科書の学校での採択は全く別の次元の事柄であることが強力な政治支配の下にいる中国人には理解しがたいと思われる。

二〇〇一年八月一三日、小泉首相が靖国神社に参拝し、以後、辞任する二〇〇六年まで毎年、参拝が続いた。二〇〇三年九月には大阪府に本社がある住宅リフォーム会社の社員らが広東省で集団買春事件を起こした。時あたかも柳条湖事件のあった九月一八日前後であったことから対日感情は悪化した。同年一〇月二九日には日本人留学生が、Tシャツに赤いブラジャー姿で背中に「日本♥中国」と書いて、腰に紙コップをつけて、わいせつな踊りをしたことが中国人学生一〇〇〇人以上による抗議デモに発展した西安西北大学寸劇事件が起こっている。二〇〇四年の七月から八月にかけて中国で開催されたサッカーのアジア杯において、中国の観客から日本チームに大ブーイングが浴びせかけられた。数年間に蓄積された日本への反発が噴出した感がある。

日本の国連常任理事国入りをめぐる問題が生じ、「アジアに予定されている二議席のうち一つは日本へ行くだろう」という二〇〇五年三月二一日のアナン発言への反対署名の呼びかけがネット上で行われ、更に日本製品のボイコットの呼びかけがネット上で行われた。これらは二〇〇五年四月の「反日デモ」の契機となった[一八]。

なお「反日」という単語は二〇〇四年のアジア杯を経て二〇〇五年の抗議デモに至る過程で飛躍的に使われるようになっている[一九]。

二〇〇五年の反日デモは民族主義的愛国青年らの大学生がデモを申請して当局がそれを認可したものであった。デモはコントロールできるという前提での認可であった。しかし、失業者や社会不満を持つ者がデモに便乗して中国人経営の日本食レストランなどを襲撃し、日本大使館に石や卵を投げつける蛮行が起こった。警官隊はそういう暴徒を止めなかった（二〇一二年の反日デモは「プチ民主化デモ」の面があった[二〇]）。

尖閣諸島漁船衝突事件関係については日本「反中」論で後述する。

三　日本「反中」論

三―〇　日本の「反中」とは？

そもそも日本の「反中」とは何であろうか？　二―〇　中国の「反日」とは？　で述べたのと同じくやはり①通時的、共時的考察　②政治・経済・文化の各方面からの原因・理由の究明が必要である。

日本の「反中」の定義については「日本の小中華主義の行き過ぎたもの」と定義するのが真実にもっとも近いと思われる。聖徳太子が筆を執ったと思われる「日出ずる処の天子、書を日没する処の天子に致す。恙無きや」という隋への国書以来、日本には中国に対する小中華主義が存在する。中国の文化は尊崇したが、政治的・軍事的に中国はやはり日本にとって脅威であった。海を距てている分、観念としての小中華主義は持ちやすかった。近代になると万国公法に基づく日本の小中華主義は中国（清）の朝貢体制維持への固執とぶつかることになる。

三―一　日本「反中」論の通時的考察

六四六年、日本は新羅に高向玄理を派遣し、新羅による任那の領有権を認知しないことを伝え、人質の提供を要請した。両国間の緊張関係は高まっていった。[三] 唐が新羅救援を日本に指示したが、日本は従わず、両国は外交関係断絶に近い状態になる。六六〇年七月、百済は唐と新羅の連合軍に攻められ滅亡する。それでも日本が百済を救援して六六三年（天智二）白村江の戦いを行い唐・新羅軍と戦ったのは、一つには（新羅を救援せよと唐に言われ従わなかった）日本が唐への非従属的関係を明瞭にするためであった。また、日本では歴代の遣唐使は他国と異なり一度も上表を持って行かず、そして中国からも他の国々のように勅書を受け取って帰らなかった。それでも使者の座席は常に外国の首位を占め、「嘗て新羅の次位に置かれた時に、日本の使者が抗議をして其の位置を換へたと謂う」(三)のは日本の小中華主義の顕れである。ある種のこうした日本の小中華主義＝日本「反中」論、日本「反コリア」論は隋、唐の昔から存在している。

奈良時代の天平文化は唐の最盛期の影響を強く受け、国際色豊かな文化であったが、平安時代になると、八九四年の菅原道真による遣唐使派遣の中止以来、国風文化が育っていき、カタカナ、ひらがなが発達し、文学も中国の載道主義を中心とする文学ではなく、男女の道（『源氏物語』）の物語や身辺の事柄や季節の移ろい、四季折々に触れての個人の感興の表出（『枕草子』）の文学が育っていった。ある種、「反中」文学の誕生である。

中世（一二世紀末―一六世紀）の鎌倉時代の蒙古襲来（＝元寇）は日本にとって一大椿事《ちんじ》であった。蒙古からの信書に、日本は返書すら出さず、かたくなな態度をとり、祈禱によって敵を退散させようという一種の神頼みの方策を採った。日本の元に対する強硬策が一層、強化されてゆく過程は、日本を神国とみなす、神国思想の強化の過程と結びついていた。(三)元寇への日本「反中」論は日本神国論の強化であった。内藤湖南は（一九二二年（大正一一）五月講演）「日本文化の独立」で後宇多天皇や後醍醐天皇の復古思想に呼応する形で蒙古襲来が起こったことに注目し、「日本文化の師匠」と仰いできた「支那」が異民族の蒙古に亡ぼされてしまい、その蒙古が日本に襲来したが、日本の神々に祈願して日本が勝った。これが「日本くらい尊い国はないといふ」当時の新思想となり、それが根本となって日本文化の独立が出来たとしている。(四)日本小中華主義である。

日本を明の朝貢国にした足利義満には古来、瑞渓周鳳『善隣国宝記』のような批判があり、朝貢貿易はそれに反対した四代将軍義持《よしもち》の時に一時、中断したが六代将軍義教《よしより》の時に再開している。朝貢貿易による経済的利益と銅銭大量移入による貨幣経済の確立、そして貨幣流通のコントロールによる幕府権力の確立のもくろみ、明側も日本を朝貢国にすることによる冊封体制の強化と、政治的に言えば政権同士の相互利用であった。

近世（一八世紀末―一九世紀半ば過ぎ）の豊臣秀吉による明「征服」の真の意図は領土の征服というより、むしろ東アジアにおける明の「威信」を自らも借りようとしたことにあるのであるから日本「反中」論というより、足利義満同様、中国「権威」利用論であろう。[三五]

徳川時代、林羅山をはじめ、幕府の官吏の中には中国人を「蕃夷」と呼ぶ風習が定着していたが、その背景には、清朝、徳川幕府、相互に観念的に相手を朝貢国扱いしながら、実際上は朝貢関係を樹立しないままの事態の推移を黙認した状況が存在した。

近代になると日本「反中」論は盛んになる。明治時代、万国公法に忠実に則ろうとする日本と朝貢体制維持に固執する清との齟齬《そご》がその根底に存在した。明治の日本は「強兵」を「富国」に先行させて、一八七四年（明治七）台湾出兵、一八七九年（明治一二）琉球処分と武力行使によって国土領域の拡大を計り、西欧列強の領土的野心、脅威に対抗しようとした。清もそうした日本を脅威に感じた。朝鮮について清、中国の「積威」と日本の「武威」が衝突し日清戦争が起こる。日清戦争によって固陋の中国への日本「反中」論から、国家形成能力のない中国への日本「反中」論へと「反中」論の内実が転換した。[三六]「反中」論は蔑視論と等価であった。日露戦争に辛勝した日本は満州へと膨張主義の歩みを進める。

日露戦争後の日本は一貫して中国に対して強硬な外交姿勢を取り、権益拡張要求を認めさせてきた。[三七]その中心は満州権益の拡張で、陸軍や在野の対外硬派の強硬な主張、後押しによる一九一五年（大正四）一月一八日に「南満州」「東部蒙古」に関する第二号（七ヵ条）（旅順・大連の租借期限の延長、南満州鉄道及び安奉線の期限の九九年延長、「満蒙」における日本人の土地賃借・所有権、商工業営業権の認可などを要求する）が軸をなす、対華二一カ条要求であり、その要求を日本は袁世凱に手渡し、一六条を最後通牒として要求し、五月九日に中国に受諾させた。[二八] 一九一九年の五四運動は二一カ条要求に起因する山東問題への中国国民の不満に端を発した、日中関係の大きな転換点であり、その後の日中対立の原点となった。[二九]

日本の根底には「反中」というより、中国を支配するという意味での「支中」や中国を導くという意味での「導中」意識があったと言えよう。[三〇]

昭和前期（一九二六年（昭和元）一二月二五日―一九四五年（昭和二〇）九月二日）の日本は満蒙権益に固執し、一九三一年（昭和六）柳条湖事件、一九三二年（昭和七）満州国建国、承認によって軍部が実権を握り、一九三七年（昭和一二）の盧溝橋事件、南京事件、更には決定的な一九三八年一月の近衛声明「国民政府を対手《あいて》にせず」によって日本はみずから中国との和平の機会を断ち切った。

「膺懲《ようちょう》」論は日清戦争開戦前には「暴清膺懲」として唱えられ、一九三〇年代には「暴支膺懲」として日中戦争を用意した。[三一] 単なる「反中」論ではすまない、軍事力を背景とする膨張主義であった。

三―二　日本「反中」論の共時的考察

一九四五年（昭和二〇）九月二日から一九五二年（昭和二七）四月二八日まで昭和中期である。以下、昭和中期から同後期、平成を共時として日本「反中」論の共時的考察を行う。

昭和中期はアメリカの占領支配の時代で、米ソ冷戦の中で日本は否応無くアメリカ陣営に属することとなり、「反中」の側に立っていた。もっとも蒋介石の〝以徳報怨〟（「徳を以て怨みに報いる」）という言辞は日本側の蒋介石への尊崇と国民政府への協力を引き出した。しかし、他方で一貫して曖昧であった中国に対する戦争責任の認識をより屈折したものにする上で体のよい護符にされた。(三二) 占領時に生まれた、ただアメリカに迎合すればいいという姿勢＝「占領根性」は対米追随的態度として日本人の中にしっかりと定着して、そのことは日本「反中」論の基盤となった。経済同友会がアメリカに協力することを第一として生まれた。(三三)

一九四九年（昭和二四）一〇月一〇日の中華人民共和国・中央人民政府の成立、一二月の国民党政府の台北への退去は戦争責任の所在を曖昧にし、そもそも中国とはどこを指して言うのかという根源的な問いかけを伴う長い戦後を迎えることとなった。(三四)

米ソ冷戦構造に組み込まれていたから、日本は米陣営に属し、構造的に「反中」の側に属したが、それは日本政府の立場で、民衆はそれに反発するかのように、中華人民共和国を過度に理想化したり、逆に過度の感情的反発の傾向を持ったりした。「反中」「親中」はイデオロギーの相克と平行関係にあり、多くの一般の日本人にとって、中国は文字通り近くて遠い国であった。(三五)

昭和後期（一九五二年（昭和二七）四月二八日―一九八九年（昭和六四）一月七日）の日本「反中」論について。一九五二年四月二八日、サンフランシスコ講和条約が発効し、日本は独立を回復する。

一九五六年（昭和三一）の夏、一〇〇〇人以上の中国戦犯が釈放されて九月に興安丸で日本に送還されたが、帰国した釈放戦犯たちは「周囲から「アカ」扱いされて差別されただけでなく、公安警察関係者による執拗な接触や監視に悩まされ、日本社会の中で孤立を深めていった」。(三六) 日本は中国の釈放戦犯を日本人としてよりは、「敵」国＝中国の人間として遇したことが窺い知れる。(三七)

「反中」論は中国人だけでなく、中国の側に立つと思われる人間にも及ぶ。中国残留孤児に対してもそのことは言える場合も多いのではないだろうか。根底には物質的豊かさを基準として価値決定する戦後日本社会の価値基準があると考えられる。

一九六五年（昭和四〇）から一〇年余り続いた文化大革命に対しては新左翼運動家による〈革命同調型認識経路〉や〈内発的発展重視型認識経路〉（新島淳良、小島麗逸、山田慶児、津村喬等）、〈客体観察型認識経路〉が形成されたが[三八]文革後はアメリカ移入の最新の社会科学理論を援用し、非専門家に中国事情を解説する〈客体観察型認識経路〉が研究者の世界を席巻して現在に至っている[三九]。この〈客体観察型認識経路〉は左右に偏さないものであるが、新たな日本「反中」論と考えられないこともない。基本的に「遅れた」中国という認識視点に立っている限り、新たな日本「反中」論の一つであろう。

この時期の中嶋嶺雄は文革と日中復交の双方についての反対論の急先鋒であり[四〇]、『諸君』の中国関連記事のメイン・ライターで、経済と民主で進んだ「台湾」を基準として大陸中国を批判し、二一世紀は儒教文化圏の時代であるとした[四一]。

一九八九年（昭和六四）一月八日、平成と改元される。以下、平成の日本「反中」論について考察する。

一九八九年四月一五日、胡耀邦元書記が死去する。それに対して学生や市民が自発的に追悼活動を行った。それがやがて民主化運動に発展する。大規模なデモや天安門広場での座り込みに対して強行弾圧を主張した鄧小平や李鵬が穏健派の趙紫陽らに勝利し、六月四日未明、戒厳軍が天安門広場を制圧し、二〇〇数十名の死者と約一万人の負傷者が出た。天安門事件である。この天安門事件は日本人の対中感情に冷水を浴びせ、中国へのアプローチはチャイナ・ウオッチャーと称する現代中国研究者による〈客体観察型認識経路〉へほぼ一本化されていった[四二]。一種の「反中」論を基盤とする経路である。中国への共感や尊崇というものはそこには主たるものとしては存在しない。「人権」のなさなど西欧、アメリカ基準の価値観が根底にある。

尖閣諸島の領土問題は日本「反中」論の一大焦点である。一九九二年（平成四）二月二五日、中国は領海法を制定し尖閣諸島を自国領土と規定している。当時の日本側はなんらの対応もしていないようだが、同年四月六日の江沢民総書記の来日への日本的配慮であったのかも知れない。四月六日から一〇日まで来日した江沢民総書記は天皇訪日を正式に招請したが、来日の際、尖閣諸島問題については一九七八年の鄧小平氏来日時の「棚上げ」の立場は変わらないと明言している。(四三) 鄧小平氏の「棚上げ」論とは日本の実効支配を認めつつ、領土問題の解決は将来の世代に待つというものであったが、尖閣諸島を自国領土と規定するのは一方的変更ではないのだろうか。

二〇一〇年九月七日の尖閣諸島漁船衝突事件は「アーミテージらの指令で、日中を故意に険悪にするために、前原の権限で海上保安庁の船を動かしたのである(四四)」という副島氏の言辞、「日中漁業協定でやらずに国内法でやり始めたのは前原大臣（当時）だが、あとで釈放する。こうした支離滅裂なやり方をするのは、背後のアメリカの中に、ジャパンハンドラー的なグループと中国との関係をきちんとやるグループの二つがいる(四五)」からだという孫崎氏の言辞が正しいとしたら、この事件は、アメリカの「反中」派が日本「反中」派をけしかけて、起こしたことになる。日本の「親米」「反中」派がアメリカの「反中」派にそそのかされて、おどらされて起こった事件ということになる。

現在の日本「反中」論は日本「親米」論と親和性が高く、アメリカの言うことを聞いておけばよいというアメリカの占領支配時に生まれた「占領根性」、対米追随的態度に由来するものではないかと思う。アメリカは日本が思うほど日本のことを考えてくれる国であろうか。自国のことを一番に考える国である。

四　結び

以上、中国「反日」論、日本「反中」論をそれぞれ通時的考察、共時的考察を通して見てきた。二項対立的、図式的なテーマとしたのは、その方が両者の相違が明瞭なものになると考えたからである。現実の中国、日本には互いの相手を尊敬する面もあれば脅威に感じる面、嫌いな面もあるであろう。多面的に見るのは国際関係を見るときの基本である。政治的、経済的、文化的に考察する必要がある。（本稿ではいまだ満足のいく政治的、経済的、文化的考察は行えていない。）日本も中国も相互に非常に親しみを持って相手を見た時期もある。現在の日本「反中」論は日本「親米」論の裏返しなのではないか。そういうことに気付くと、別の中国の見方もあるということに思い到る。政治、政府の観点だけでなく民衆や「文化」（＝「傾向」）の観点から見ることの重要性にそろそろ気付くべきである。マスコミ報道の信憑性についても検討する必要がある。拝金主義が背景にあるマスコミ報道の問題である。

〔注〕

（一）天児慧（二〇一三）四九頁。　藤田昌志（二〇一五）九六頁。
（二）天児慧（二〇一三）五〇頁。
（三）藤田昌志（二〇一五）九六頁。
（四）楊棟梁主編　田慶立・程永明著（二〇一二）二〇一頁。
（五）藤田昌志（二〇一五）九七—九八頁。
（六）松本忠行（二〇一四）三七—三八頁。
（七）以下の中国「反日」論の概括的記述は　横山宏章（二〇〇五）一一八—一二五頁。　に基づく。
（八）藤田昌志（二〇一五）四四—四五頁。
（九）全訳注　藤堂明保・竹田晃・景山輝國（二〇一〇）一九二—一九三頁。　藤田昌志（二〇一五）一一八頁。
（10）全訳注　藤堂明保・竹田晃・景山輝國（二〇一〇）三九二頁。　藤田昌志（二〇一五）一一九頁。
（二）岡本隆司（二〇一一）四九頁。
（三）岡本隆司（二〇一一）四九頁。

(一三) 藤田昌志（二〇一五）三四頁。
(一四) 小倉和夫（二〇一三）一一一―一一二頁。
(一五) 岡本隆司（二〇一一）一六八頁。
(一六) 清水美和（平成一五）一一二頁。一一五頁。
(一七) 二〇〇五年の「反日」デモに至る過程、背景の記述は熊谷伸一郎（二〇〇六）一三九―一七二頁に基づく。
(一八) 藤田昌志（二〇一〇）五三頁。
(一九) 熊谷伸一郎（二〇〇六）二一七頁。
(二〇) 福島香織（二〇一二）二一七頁。二一三頁。
(二一) 日本「反中」論の通じ的考察の記述は藤田昌志（二〇一五）一六―八六頁に負うところが大きい。その中の引用文献・参考文献にも負うところが大きい。
(二二) 内藤湖南（大正一三）「聖徳太子」　内藤虎次郎（昭和四四）所収。
(二三) 小倉和夫（二〇一三）二一五頁。
(二四) 内藤湖南（一九二二）「日本文化の独立」　内藤虎次郎（一九六九）所収。
(二五) 小倉和夫（二〇一三）二〇三―二〇四頁。
(二六) 松本三之介（二〇一二）一二六頁。
(二七) 奈良岡聰智（二〇一五）二八―七六頁。三〇五頁。
(二八) 成田龍一（二〇〇七）六〇―六一頁。
(二九) 奈良岡聰智（二〇一五）三二四頁。
(三〇) 横山宏章（二〇〇五）一一三頁。
(三一) 山室信一（二〇〇五）一〇七頁。
(三二) 石川禎浩（二〇一〇）二三四頁。
(三三) 孫崎享（二〇一二）一二四―一二五　頁。一二八―一二九頁。
(三四) 石川禎浩（二〇一〇）二三六頁。
(三五) 藤田昌志（二〇一〇）八九頁。

(三六) 岡部牧夫　荻野富士夫　吉田裕編（二〇一〇）一五四頁。
(三七) 藤田昌志（二〇一五）九〇頁。
(三八) 馬場公彦（二〇一〇）四一九―四二一頁。
(三九) 藤田昌志（二〇一五）九一頁。
(四〇) 馬場公彦（二〇一〇）三四五頁。
(四一) 馬場公彦（二〇一〇）六六頁。
(四二) 馬場公彦（二〇一〇）四二二頁。
(四三) 馬場公彦（二〇一四）一四八頁。
(四四) 副島隆彦（二〇一二）一三七頁。
(四五) 孫崎享編（二〇一二）一七七―一七八頁。

〔引用文献・参考文献〕

天児慧（二〇一三）『日中対立―習近平の中国を読む―』筑摩書房　ちくま新書
藤田昌志（二〇一五）『日本の中国観Ⅱ―比較文化学的考察―』晃洋書房
楊棟梁主編　田慶立・程永明著（二〇一二）『近代以来日本的中国観』第六巻（一九七二―二〇一〇）江蘇人民出版社
松本忠行（二〇一四）『中国人は「反日」なのか』コモンズ
横山宏章（二〇〇五）『反日と反中』集英社　集英社新書
全訳注　藤堂明保・竹田晃・景山輝國（二〇一〇）『倭国伝―中国正史に描かれた日本』講談社　講談社学術文庫
岡本隆司（二〇一一）『中国「反日」の源流』講談社　講談社選書メチエ
小倉和夫（二〇一三）『日本のアジア外交　二千年の系譜』藤原書店
清水美和（平成一五）『中国はなぜ「反日」になったのか』文藝春秋　文春新書
熊谷伸一郎（二〇〇六）『「反日」とは何か　中国人活動家は語る』中央公論新社　中公新書ラクレ
藤田昌志（二〇一〇）『日本の中国観―最近在日本出版中国関連書籍報告―（〇四・九―〇九・八）』朋友書店
福島香織（二〇一二）『中国「反日デモ」の深層』扶桑社　扶桑社新書

内藤湖南（大正一三）「聖徳太子」内藤虎次郎（昭和四四）所収
内藤虎次郎（一九六九）『内藤湖南全集』第九巻　筑摩書房　『日本文化史研究』
内藤湖南（一九二二）「日本文化の独立」内藤虎次郎（一九六九）所収
松本三之介（二〇一二）『近代日本の中国認識』以文社
奈良岡聰智（二〇一五）『対華二十一カ条要求とは何だったのか』名古屋大学出版会
成田龍一（二〇〇七）『大正デモクラシー　シリーズ日本近現代史④』岩波書店　岩波新書（新赤版）
山室信一（二〇〇五）『日露戦争の世紀―連鎖視点から見る日本と世界―』岩波書店　岩波新書（新赤版）
石川禎浩（二〇一〇）『革命とナショナリズム　一九二五―一九四五　シリーズ中国近現代史③』岩波書店　岩波新書
孫崎享（二〇一二）『戦後史の正体　一九四五―二〇一二』創元社
岡部牧夫　荻野富士夫　吉田裕編（二〇一〇）『中国侵略の証言者たち―「認罪」の記録を読む』岩波書店　岩波新書
馬場公彦（二〇一〇）『戦後日本人の中国象　日中敗戦から文化大革命・日中復交まで』新曜社
馬場公彦（二〇一四）『現代日本人の中国象　日中国交正常化から天安門事件・天皇訪中まで』新曜社
副島隆彦（二〇一二）『中国は世界恐慌を乗り越える』ビジネス社
孫崎享編（二〇一二）『検証　尖閣問題』岩波書店
岡本隆司（二〇一三）『中国近代史』筑摩書房　ちくま新書
福島香織（二〇一五）『本当は日本が大好きな中国人』朝日新聞社出版　朝日新書
王敏（二〇〇五）『ほんとうは日本に憧れる中国人　「反日感情」の深層分析』PHP研究所　PHP新書
毛利和子（二〇〇六）『日中関係　戦後から新時代へ』岩波書店　岩波新書
富坂聰（二〇一三）『中国人は日本が怖い！「反日」の潜在意識』飛鳥新社

第五章　ベネディクトの日本論
―人と『菊と刀　日本文化の型』の比較文化学的考察―

一　序

ルース・ベネディクト（一九四八）『菊と刀　日本文化の型』長谷川松治訳　社会思想社が出版されて七〇年の時が経つ。この本は元来、第二次世界大戦中のアメリカ戦時情報局による日本研究の一環として執筆されたものであり、より正確には戦後の日本統治とその基礎となる日本理解を視野に入れた政策の下に研究されたものであった。ベネディクト自身は戦時下ということもあり、日本の土を踏むことはなかったが、詩人としての直観力や本質を見抜く力は現在においても通用するものがあり、『菊と刀　日本文化の型』は不朽の日本論、比較文化論の名著として、今後も人々によって読み継がれていくことであろう。

本章では、以下、ベネディクトについて、ベネディクトの代表作『菊と刀』の各章で展開される日本論について、またベネディクトの日本論をどう評価するか等について論究したいと思う。まず、ベネディクトについて述べることから始めたいと思う。

二　ベネディクトについて

ルース・ベネディクトはニューヨーク州北部、シェナンゴ・ヴァレーの農村に一八八七年六月五日、ルース・フルトンとして生まれた。(一) 母のベアトリス・シャタックはヴァッサー・カレッジの卒業生であり、父のフレデリック・S・フルトンは有能な若手外科医であった。ルースが赤ん坊のときに父が原因不明の病気にかかり、一家は生活のために母シャタックの農園に移ることを余儀なくされる。そこでルースの妹、マージャリーが生まれる。一八八九年三月に父が亡くなる数週間前のことであった。

ルースは農園で幼少時を過ごす。ルースが五歳のとき、その時代としては非常に独立心旺盛だった母は教鞭をとり始め、その後も教師として、図書館司書として、生計のために働き続けた。(二)

ミードはルースの幼年期は疎外感に色どられものであったとしている。続けて「母の一本気な、哀しいやもめぐらしには反感を持っていたが、ルース自身にも激しい発作的な癇癪があった。父の棺のそばで母が、お父さんの顔をよく覚えておきなさいと必死に言い聞かせた衝撃的なシーンに原因があるのだと彼女は語っている。(三)」と述べている。このことには注意する必要がある。「私は非常に幼い頃から二つの世界を認識していた。父の世界は死の世界で美しく、もうひとつは私が拒絶している混乱と泣き声の世界である。私は母が好きでなかった。母が泣きわめいたり、小さなことにくよくよするのに反感を感じたが、しかし、私はいつも父のいる世界、つまり私の世界にひきこもることができた。私は父のことを穏やかで美しく身近なものに感じていた(四)」と述べるようにルースは「死のイメージに惹きつけられ、親しんでいる」子供であった。「その傾向は彼女が成人したのちまで残った(五)」。副田（一九九三）はルースが四才のときに、近くで亡くなった赤ん坊が「透き通るような美しさ」を持っていたとルースが感じたこと、幼いルースの楽しみの一つは干し草が積まれた納屋に一人で行くことであったがそれは実は干し草を「自分の墓にみたて、死者になったつもりでそこに横たわっていた」(六)のであることを挙げる。それらを「ルースが死」に親しんでいたことの証左としているが、とりわけ後者は後年、ルースが日本人の「死んだつもりになって生きる」気分(七)を理解するのに大きく役立ったと思われる(八)としている。日本文化としての「忠」と「義理」を一致せしめるために「死」を選択した四十七士(九)を理解するには異なった文化の「死」の意味を理解する想像力、エトス（基礎的な精神的雰囲気）が必要であると考えられる。「死」を忌み嫌わなかったルース・ベネディクトはその想像力、エトスを持っていたのではないだろうか。

大学では英文学を専攻し、一九一一年から一九一二年の一年間、ロサンゼルスのウエストレーク女学校で教え、一九一二年から一九一四年の二年間、パサデナのオートン女学校で教職に就いた。(一〇)一九一四年の夏、ルースは生化学者としての経歴を歩み始めたスタンレー・ベネディクトと結婚する。一九二二年には結婚生活を不合理で、気が滅入るだけの生活だと思うようになったが、結婚当初は新しくできた余暇をよろこんだ。一九一一年以後のまる一〇年間、教職に就き、（州慈善教会で一年間社会奉仕もし）スタンレーとの結婚に大きな希望をいだいていた時期、ルースが懸命に求めていたのは自分自身を発見すること、つまり自分にとって有意義な、そして自分の全才能をひきだしてくれるような生活様式に身をゆだねることだったと(一一)言う。

決定的な人生の転換期が一九一九年にやってきた。ルースはこの年からニュースクール・フォー・ソーシャル・リサーチに行くようになり、二年間聴講し、子供のできない空虚な結婚生活に直面して、「自分一個の努力と創造の世界」を追求しなければと考えたルースは人類学を発見する。(一二)文化への理解が深まるにつれて、ルースは文化における芸術作品を「発見」されるべきもの――つまり「創られた」ものではなく、総合的全体として存在するもの――としてみることができるのと同様に、未開文化も全体として観察できるのではないかと考え始めた。[一三]一九二一年（ルース三四才）、フランツ・ボアスの指導下に学位を取るためにコロンビア大学に通い始める。フランツ・ボアスの指導下で三学期を終了した後、学位を取り（このように短期間で博士号を取ったことは後々まで他の人々の語り草になったと言う。文学的修練が大いに役立ったと言う人もいる）、一九二二年秋、ルースはボアスの助手としてバーナードカレッジで教え始める[一四]（ミードはその頃、ルースに出会っている）。すべての社会は同一の起源から同一の継起段階を経て発展するという一九世紀の一系進化主義者の理論を厳しく批判したボアスは学生を教える際に、比較方法の必要性を強調し、おのおのの特徴やテーマを特定文化から他の文化へと綿密に追跡し、どの場合もそれらを特定文化の文脈の中で位置づけなければならないことを力説した。[一五]ルースもおのおのの特徴やテーマをその特定文化の「文脈」の中で位置づけることの重要性を感得したことであろう。

　エドワード・サピアとは互いに詩人として認めあい友情を育《はぐく》んだ。ルースは一九三一年、スタンレー・ベネディクトと離婚したが、その年、やっとボアスがコロンビアの人類学部助教授に彼女を任命し、ルースは一九三七年までこの地位にいた。[一六]

　一九三一年、南西人類学ラドラトリーが主催したメスカレロ・アパッチ族への学生の調査旅行を監督指導したが、ルース・ベネディクトはフィールドワークを尊重し、ボアスの教えた実地調査法――インフォーマントの言葉の入念な逐語的記録を含めて――の重要性の大なることを力説した。[一七]（耳が遠いため、言語の習得や、言語の記録ができず、英語や通訳を通して、個々のインフォーマントと向かいあうのがルースの仕事の大半であった。）

　一九三四年に出版された『文化の型』(*Patterns of Culture*)は『菊と刀』の原題が *The Chrysanthemum and the Sword—Patterns of Japanese Culture*（一九四六）であることからも周知のように "Patterns" ―「型」が問題になる。

この「型」の概念は多分に行動主義的な概念であり、外面的にはいかに異なっていても、同一の動機ないしは心的態度によって貫かれている一群の行動あるいは習慣に、顕著に烙《や》きつけられている共通の特徴である。それはいわば習慣の束であり、一民族の文化はいくつかのこうした「型」を内に含む、あるいはそれらの「型」によって組み立てられている綜合的・有機的な全体であって、つまるところ、「型」は個々の行動に意味を与え、それを文化全体の中に包摂する媒介であると[一八]一応説明される。そして、ルース・ベネディクトは「文化型」“cultural pattern”の提唱者として著明なのであるが、「文化の型」は形成過程の説明に二つのアナロジーが使われ（①ゴシック建築は高さと光線の好みを出発点として、技術がそれを次第に強調していき、より明確な標準に統一していったものであり、この芸術様式の成熟のために、はっきり意識された目標や選択が存在していたわけではない②火薬は硫黄と炭素と硝石の三者によって作られるが、火薬という全体は硫黄、炭素、硝石という部分の単純な集合ではない。同様に文化も多様な慣習的行動の寄せ集め以上のものである）「全体としての文化は、部族の目標のために有用な慣習を選び、不用なものを捨て、また、別のものを変容して織りあげられる。この過程は全体として意識的である訳ではない。[一九]」と言われる。

『文化の型』が刊行されてから、素材とされた三つの未開文化（プエブロ族、プエブロ族以外の北米インディアン、ドブの各文化）が他の文化人類学者によって再調査され、ベネディクトが見出した文化の型と矛盾する民族誌的事実が発見され、ベネディクト批判が起こった。[二〇]「これは、彼女が文化の型を導き出すにあたって、それらの事実を無視ないし軽視したということである。それらを重視する別の文化人類学者の立場にたてば、同じ文化から異なった文化の型がみいだされることもありえ[二一]」るのであり、それは「科学的研究の道具としての文化の型の概念がかかえる大きな問題である[二二]」と言えよう。もっとも『文化の型』はベネディクトの著作中、最も著名なものであり、「三〇年以上、この本は人類学入門書としてだけでなく、開かれつつある世界へのアプローチを求める多くの分野の研究者たちの案内書としても役立ってき」たし、「刊行後、四〇年をへた現在でも、この本は執筆当時とおなじ新鮮な生命をたもっている」[三三]という言辞もある。副田（一九九三）は『文化の型』を「読みながら感得することができるのは、彼女が一種の直感力でその文化の型をさぐり当てているということである。その直感力は多分に文学的直感力であり、詩人の直感力であって、科学的一般性をもつとはいいがたい。[三四]」とする。問題は「直感力」とともに「科学的一般性」をもてるかどうかということに帰着するようである。ともあれベネディクトの「詩人としての直感力」の鋭さは『菊と刀』の随所に見出せるし、そのことには注目せずにおくことはできない。

一九三〇年代半ばからアメリカが第二次世界大戦に参戦するまでの期間、ボアスとルース・ベネディクトは学問をめぐる一連の闘争に積極的に身を投じ、二人はスターリン主義者と衝突しただけでなく、反スターリン主義者とも対立した。[三五]一九四三年にはウエルトフィッシュとの共著で、第一次世界大戦中の陸軍の知能検査で北部の黒人は南部の白人よりも高い得点中位数を得たというデータをかかげて、その原因を「「収入、教育、文化的利点、その他の機会の相違」にあるとした」小冊子『人類の諸人種』を出版したが、この小冊子に対する戦争中の敵意に満ちた攻撃は、ベネディクトに対する非難のクライマックスであった。[三六]この時代、ベネディクトは（嫌っていた）講演や著作で人種や戦争、民主主義の問題などを人類学者の立場から論じて、その名は人類学の世界の外でも知られるようになった。

ゴアラーが一九四二年にエール大学からワシントンに移り、戦時情報局で働くようになり、更に英国大使館戦時職員として転出したとき、ルース・ベネディクトを後任に任命し、ベネディクトは同意して、一九四三年の半ばにワシントンに移る。[三七]一九四五年から一九四六年にかけてコロンビア大学から休暇をとってカリフォルニアへ行き、そこで『菊と刀』を執筆した。[三八]ベネディクトが文献資料や当時の日本映画、インフォーマントからの聴き取りを通して強く印象づけられたのは「重大な転換点にあってもなお新たな立場をとり、新たな状況に没入していく日本人の能力」であり、日本人が学習したのは「特定の忠節の対象への献身ではなく、忠実な協力の実践であった」[二九]と言う。

一九四六年の秋、ベネディクトはコロンビアに戻り、六月には全米女性大学人協会の年間功労賞を授与され、更にアメリカ人類学協会会長（一九四六―一九四七年）に選任され、一九四八年にはコロンビア大学正教授に任命された。[三〇]

一九四八年五月、チェコスロバキアのポジェブラディでユネスコが後援して開催されたセミナーへ招待され、それに参加し帰国した二日後、冠状動脈血栓で倒れたベネディクトは、五日後の九月一七日に帰らぬ人となった。[三一] 享年六一才であった。

三　『菊と刀』についての考察

三―〇　全体的構成と各章について

次に『菊と刀』の全体的構成と各章について考察してみたい。

まず、全体的構成についてであるが、『菊と刀』は一三章から構成される書物であり、第一章は主題と方法の提示、第二章は日本の戦時慣例に関する論議で、主題と戦時慣例に関する論議には時代の影響が色濃くでている。[三二] それは日本とアメリカが戦争状態にあったことに帰因するのであり、具体的にはベネディクトが「人間性の一元的理解」[三三]を無批判のまま前提とし、日本人を矛盾する多くの属性を持つ者としたこと（第一章）、捕虜の虐待は日本軍のみに見られ、連合軍には見られなかったとしている点（第二章）などに表れている。もっとも、それ以外の点ではもちろん傾聴すべき個所がある。

第三章と第四章では鎌倉時代から敗戦までの日本の歴史が記述され、明治維新が最も詳しく叙述されている。[三四] 日本の政治的支配は鎌倉時代から徳川時代まで武士階級によって行われ、その中から出た有能な政治家たちが明治維新を通じて近代国家を形成し、国家官僚が新しい支配階級になっていったとする。(三五) また、ベネディクトは「階層制度」への信頼を日本人の観念全体の基礎をなすものと考えた。

第五章から第一一章までは本論中の本論とも言うべきもので、第五章から第一〇章までは「日本文化の主要な倫理規範あるいは道徳体系」を考察しており、第五章は恩、第六章は恩返しとしての孝と忠、第七章は義理、第八章は名誉、第九章は快楽に対する処理を、第一〇章は倫理的諸価値を尊重し分ける技術、及び恥の文化を論じている。(三六) 第一一章では、日本人の自己訓練、精神修養をとりあげ、氏族、家本位の拘束をつきぬけて、個人として、より人間らしく生きるための自己操作の工夫を論じている。(三七) 第一二章では子供の社会化を、第一三章では敗戦国日本の再建についてそれぞれ論じている。

第一二章については「相対的にみて、もっとも不出来な章のひとつである」(三八) とする考えと、第一一章と第一二章で本当に日本独特の文化の型を抽出し、そして「結論は第一二章に書かれている」とする考え(三九) がある。前者はその理由を、ベネディクトが育児様式や子供の生活の日米比較における両文化の関係の三類型（第一類型は価値や感情と行動や表現方法の双方で日米が異なるもの、第二類型は価値や感情では日米で同一であるが、行動や表現方法では日米が異なるもの、第三類型は、価値や感情と行動や表現方法の双方で日米が共通しているもの）(四〇) のうちの第一類型に属する日本人の行動、習慣しかとりあげられなかったことの根底にある方法論、すなわち「差異」に焦点を当てる方法論が他の章とは対照的に第一二章で裏目に出たことに求めている。(四一)

全体的構成と各章の概略は以上のようなものである。以下、各章についての考察に移ることにする。

三―一　第一章の考察

第一章　研究課題―日本　では、日本人に関してこの七五年来、書かれた記述には「世界のどの国民についてもかつて用いられたことのないほど奇怪至極な「しかしまた」の連発が見られる」ことが最初に述べられている。曰く、日本人は礼儀正しいと同時に、「しかしまた」不遜で尊大である、固陋《ころう》であると同時に「しかしまた」どんな新奇な事柄にも容易に順応する、忠実で寛容であると同時に「しかしまた」不忠実で意地悪である、美を愛好し菊作りに秘術を尽くすと同時に、刀を崇拝し武士に最高の栄誉を帰する。国民としての日本人（複数）には礼儀正しい人々もいれば不遜・尊大な人々もいる。これはアメリカ人でもドイツ人でも同じようなものであろう。したがって個人としての日本人（単数）がときに礼儀正しく、ときに不遜・尊大であることをベネディクトは強く意識したのであろう。裏を返せばベネディクトは「非現実的な人間性の一元論」に固執した。その観点からすると、日本人（単数）は不可解であった。ベネディクトは文化は「パーソナリティをひとまわり大きくしたもの」と見立てうることを示したかったと言う。ベネディクトが人間性の一元的理解を当然としたことについては①敵国の国民の性格が持つ矛盾を悪意をこめてあげつらう時代風潮がありそれは人間性の一元的理解を無批判のまま前提としており、ベネディクトはその風潮に押し流された。②それまで研究対象としてきた北米インディアンの部族社会の成員の社会的性格が比較的、均質にみえ、その研究過程で培われてきた発想をそのまま日本研究に持ちこみ、日本人の矛盾を強く意識することになった。③アメリカの社会科学の知的伝統においてはヨーロッパのそれと異なり、人間性の一元的理解が二〇世紀に入っても有力であり、ベネディクトもその影響下にあった――と三つの説明のしかたが可能であるが、日本の「体系は全く独特のものであった。それは仏教的でもなく、また儒教的でもなかった。それは日本的であった―日本の長所も短所も含めて」と日本について述べる根底には当然、比較文化論的な視点が存在し、その比較の際のもう一つの極、基準は西欧、アメリカであったと考えられる。事実、ざっと思いつくものでもベネディクトは第五章で「気前のよさ」の日米間の相違（一四一頁）について、第九章では日本と西欧間における肉体と精神の闘争観念の有無（二三二頁）について、第一〇章では道徳の基礎としての「恥」と「罪」の日米間の相違（二七三―二七四頁）について、第一一章では「自己犠牲」、「抑圧」と「自己訓練」の日米間の相違（二八五頁）について、同じく第一一章では「無我」（二八八頁）、「死んだつもりになって生きる」（三〇五頁）習慣を持つ（＝意識を排除する）日本人と意識、理性を尊重するアメリカ人（三〇四―三〇五頁）の相違について考察している。この問題は諸文化相対主義と自文化絶対主義のどちらをベネディクトがとったかという問題に発展するのであるが、識者は「ベネディクトは『菊と刀』のなかで、日本文化をアメリカ文化、さらにはそれを含む西洋文化と対比しつつ、諸文化相対主義の原則をよく守りつづけたが、自文化絶対主義の方向に何度か逸脱したのであった（四八）」と言う。

その他、第一章では、「私は何百もの個々の事象が、どんなふうに総合的な型（パターン）に分類されているか、という点を重視した（四九）」と言うように「文化の型」を重視しているが、その型への分類のために、ベネディクトは「その国の人たちの習慣や仮定に関する質的研究（五〇）」を組織的に行うことを重視し、統計的方法を重視しないことを明言する。既述のように（詩人としての）「直感力」と「科学的一般性」の両立が問題となる。

又、直接面接（五一）調査はできたが参与観察調査を行うことができなかったとベネディクトは述べているが、そのために①人間はすること（行為）より、言うこと（言葉）で倫理的になりやすく、結果、ベネディクトは日本人を過剰に倫理的人間としてみたのではないか②ベネディクトがインタヴューイーとした在米一世の日本人の価値意識は同時代の日本に住む日本人より「一世代か二世代まえの日本人の価値意識」をより純粋に、より多量に残しているということがないだろうか（五二）との疑問が生じるのは否めない。その意味でベネディクトの日本人像が「過剰に倫理的で」「かなり古風なもの」であり、「現実の日本人像よりも新渡戸や鈴木が説くところにより調和的であったと推測される」[五三]と指摘されるのは妥当なものであろう。

三―二　第二章の考察

第二章　戦争中の日本人　では既述のように捕虜の虐待は日本軍に特有のものであったかのように述べられているが、誤りであり、それについてはジョン・W・ダワーが『人種偏見』(*War Without Mercy : Race and Power in the Pacific War*) で人種的偏見に基づく日米双方の非人間的行為について既にあばいている。[五四]

ベネディクトは第二次世界大戦において日本は「階層的秩序（ハイアラーキー）」[五五]を樹立するために闘ったと考えている。日本は「上から下まで真に階層的に組織されている唯一の国」であり、おのおのがその「所」を得ることの必要性を最もよく理解しているから、その秩序の指導者たりうる。そして「階層的秩序」の頂点には天皇が存在する。

天皇は「日本の封建時代を通じて」「影のごとき存在、たんに名目だけの元首であったにすぎない」のに、現在では「すべての人が一致して天皇を批判を超越したものとしている」[五六]。このことはアメリカ人にはいかさまらしく思われるが、天皇は日本国民の象徴であり、国民の宗教生活の中心である。この「天皇に対する無条件、無制限の忠誠は、天皇以外の他のすべての人物および集団に対してはさまざまな批判が加えられる事実と、いちじるしい対照を示していた」[五七]。政府や軍指導者に対する批判は新聞、雑誌に見受けられたが、天皇に対する批判は皆無であった。ベネディクトは「天皇だけは批判を免れた。天皇の最高至上の地位はごく近年のものであるにかかわらず、どうしてこんなことがありうるのだろうか。」[五八]と疑問を呈する。ベネディクトはそのことに直接、答えていないが日本の兵士たちは「死そのものが精神の勝利」であると考え、アメリカ人のように手厚く病人を看護するのは、英雄的行為の妨げであると教えられていた[五九]と述べている。日本人は国家＝公のための「死」を正当化する根拠としての天皇を崇拝し、天皇に対する批判をタブーとしたのである。天皇は階層的秩序の頂点に位置するが、その地位は相対的ではなく絶対的なものであった。

三―三　第三章の考察

第三章「各々其ノ所ヲ得」　では日本人の「秩序と階層制度に対する信頼」をとりあげ、それを人間相互の関係、人間と国家との関係に関して日本人が抱いている観念全体の基礎をなすもの[六〇]としている。

ベネディクトはまた、日本は「貴族主義的な社会」であると言い、他人とは身分の上下によって、使われる言葉が相違すること――敬語にも言及し、礼儀作法はアメリカとは異なり、家庭でこそ細心の注意をもって履行される[六一]と言うが、現在の日本にはあてはまらないであろう。現在の日本は（日本的に）アメリカ化し礼儀作法よりも平等性が重んじられている。

本章では階層制度が社会構造の中で歴史的に形成されてきた過程[六二]を説明している。中国の孝の教説は六、七世紀ごろに日本に採り入れられたが、宗族の存在する中国と異なり、一九世紀中ごろまで日本で苗字を名のることができたのは貴族と武士（サムライ）に限られていた。また、祖先に対する崇拝も日本では家族の居間の仏壇で行われ、そこにはわずか六、七人の最近の死者のみがまつられている。日本の「孝行」は、限られた、直接顔を合わせる家族間の問題である。八世紀の終わりごろまでに貴族の藤原氏が天皇を背景に押しやり、支配権を確立する。そののち、封建領主の一人、源頼朝が将軍になり日本の事実上の支配者となる。天皇は無力な存在となり、将軍を儀礼的に任命するだけであった。封建領主は「サムライ」＝武士を抱え、サムライは主君の命《メイ》のままにその剣をふるった。一六世紀の数十年間の動乱の末、一六〇三年に家康が徳川氏の初代将軍となった。徳川氏は封建的体制を強化し、各人の身分を世襲的に定めた。しかし、日本のカースト的制度にはある程度の柔軟性があり、金貸しの子供たちは時に武士と結婚し、旦那衆となったし、商人は養子縁組によって武士の身分を買った。[六三]

ベネディクトは日本を歴史の全期間を通じて、いちじるしく階級的、カースト（世襲的階級身分制度）的な社会[六四]とし、中国では国家試験に及第した行政官に与えられた官職も日本では世襲貴族や封建領主にしか与えられず、日本は中国の世俗的皇帝の思想も採用せず、階級的、カースト的社会を維持し続けたとしつつも、前記のような柔軟性にも着目していた。武士については中世ヨーロッパの騎士でもなく、遊歴武人でもなく[六五]、徳川時代の初めには「彼の家柄の取高として定められた一定の俸禄に依存する年金生活者」であったと規定している。ベネディクトは日本の階層制度のネガティブな面だけを見ていたわけではなく、その統治が苛酷であったことを認めつつ、個々の隷属者とその長上との間柄においては、「人は自分の義務や特権や地位を承知し」ており、「そしてもしこれらが侵害された場合には、どんな貧しい人間でも抗議することができた」[六六]と述べている。第六章で記述される「名に対する〝ギリ〟」への認識がここで既に表現されている。

三―四　第四章の考察

第四章　明治維新　では「下層武士階級と商人階級との「特殊な連合」」である明治維新政府とその政府を運営した政治家達のことが述べられている。明治政府を運営した政治家達は天皇を階層制の頂点に据え、将軍を排除することによって、階層的秩序を単純化した。また、廃藩置県によって藩主に対する忠誠と国家に対する忠誠との間の矛盾を取り除いた。[六七]

明治政府の政治家達は「階層制の習慣を覆すつもりはな」く、ハーバード・スペンサーによる階層制、天皇への伝統的義務の支持は、彼らの信念に確信を与え、彼らは大いに満足した。更に国家神道を忠誠の象徴とし「宗教ではない」と主張し、直接、国家に関係する事柄については、新しい階層制度の最高官吏である自分たちの手に支配権を確保しておくようにした[六八]し、この支配の首脳部には決して国民から選挙された人々が含まれることはなかった。

しかし、自治制度がなかったわけではなく、日本の近代政治組織にも市・町・村の地方自治制度が公に認められていた[六九]。ただし、機能の点で西ヨーロッパ諸国の事例との大きな差があるとベネディクトは言う。国政の最上層に「国民の世論」のための位置は与えられておらず、国家がその権限の領域を地方行政の範囲内に割り込ませる場合にもまた、その支配権は恐れ畏《かしこ》んで受け容れられるのであり、日本人の眼から見れば、国家は至高善に近いものであった。アメリカで一般的に感じられているように、やむをえない害悪ではなかった[七〇]。

ベネディクトは日本には階層制しかなく、人々はその特定の階層で「ふさわしい位置」を占めることによって満足する、それは自由と民主、平等を中心とするアメリカ人からは理解しがたいものであると言いたいようである。日本人は日本人をして「おのおのにふさわしい地位に甘んずる」人間たらしめた日本の道徳体系が他のところでは期待することのできないものであることに気づかず、他の国々はそのような道徳をもたなかった、それはまぎれもない日本製であると[七一]述べるベネディクトは奇妙なこの日本人を理解するためには「それに先立ってまずその道徳体系を記述することが必要である」とし、恩の概念に考察を進める。

三―五　第五章の考察

第五章　過去と世間に負目を負う者

では恩を中心的にとりあげている。ベネディクトは「大から小にいたるまで、ある人の負っている債務のすべてを言い表す"obligation"に当たる言葉」が恩であると言う。恩の本来の意味は「負目」で、何世紀もの久しい間、「恩を忘れない」ことが日本人の習性の中で最高の地位を占めてきたのであり、近代日本はあらゆる手段を利用して、この感情を天皇に集中するようにしてきた。[七二] 恩には皇恩、親から受けた恩、教師や主人（"ヌシ"）への恩があり、比較的縁の遠い人、たんなる知人、自分とほとんど対等の人間から恩を受けることを日本人は不快に感じる（＝嫌う）。なぜなら、その人が「私の」階層的組織の中に一定の位置を占めていないから、不安になり不快になるのである。

ベネディクトの恩の概念は全面的なものではなく、皇恩や父母の恩を素材として作られたものであるが、世間の恩や自然の恩といった仏教的恩の衆生の恩の系列に連なるものへの理解がない。またその恩は主として受恩、知恩、報恩を意味し、施恩の意味がとりあげられていない。つまり、ベネディクトは恩を主として与えられる側のみからみる傾向を持っていた。[七三] ベネディクトはアメリカ人への説明上、恩を義務、債務であると言ったが日本人には異和感があり、報恩と義務が全く同一であるはずもなく、他者の授与への感謝の念はゲオルグ・ジンメルが言うように授与への返礼によって成立するのではなく、授与が返礼されつくさないということの上に成立するのである。[七四]

ベネディクトは「すみません」ということばは「これは終わりません」という意味であり、「私はあなたから恩を受けました。（中略）私はとうていあなたに恩返しをすることはできません。私はこのような立場に置かれたことを遺憾に存じます」という心情の表明であるとする[七五]が、「遺憾」というより、「心が落ち着」かないという、話し手の負担を表明したものと考えることも可能であり、その際、「済《す》む」は「澄《す》む」から転じたものと考えられる。[七六] 同じ負担でも話し手でなく、その（親切等の）行為をすることがその行為の主にとって若干の「負担」となったであろうことを察するから「すまない」と言うのであると言う考えもある。その際、「なぜ日本人が親切の行為に対し単純に感謝するのでは足《た》れりとせず、相手の迷惑を想像し詫びねばならぬかということ」が問題になるが、「それは詫びないと、相手が非礼と取って、その結果相手の好意を失いはしないかと恐れるためといえないだろうか。すなわち相手の好意を失いたくないので、そして今後も末永く甘えさせてほしいと思うので、日本人は「すまない」という言葉を頻発すると考えることができるのである。[七七]」と「甘え」の心情から「すみません」という言葉を使う心情について分析する考えもある。日本人の表現には「含意」や「付加物」が付くことが多いと言われるが、これはその一例であろう。

第五章には日米比較文化論の視点からの記述も多々見られる。

①　アメリカ人は「過去を嗣ぐ者」(“heirs of the age”)であるのに対して、日本人は「過去に負目を負う者である」と言う。[七八]アメリカでは誰からも何一つ恩義を受けていないと言うが日本ではそんなことは言わない。

②　アメリカ人は愛というものは、義務の拘束を受けることなく自分に与えられるものと考えるが、日本人は母親に対して負っている一切の負目として恩を考え、恩が「債務の返済の意味」を含むところから愛の意味が生じる。[七九]

③　日本人はアメリカ人が親に恩を受けた事実を軽視していると痛感する。[八〇]

④　「人に恩を着せる」ということを日本人はよく口にする。英語訳では“imposing upon another”(他人に無理に何かを負わせること)となる。アメリカでは“imposing”というのは、他人から何かを要求することであり、これに反して日本では、この表現は他人に何かを与えること、あるいは親切を尽くすことを意味する。[八一]

⑤　愛や親切や気前良さは、アメリカでは何も附属物がくっついていなければいないだけ、いっそう尊重されるのであるが、日本では必ず附属物がつきまとう。[八二]

アメリカ人は他人との上下関係や過去に受けた恩などを中心とするのでなく、個人の自由意思に基づいて、己の信ずるところによって行動する、愛や親切や気前良さはこの無償性が高いだけ、よりいっそう尊重されるとベネディクトは言いたいようである。それに対して、日本人は過去の恩に負目を感じつつ、人に負目を感じさせるようなことはできるだけ避け、階層制の中で、分に安んじて生きる。

既述のように日本人にはベネディクトの言う皇恩、父母への恩以外に世間の恩や自然の恩を感じる豊かさがある。それは取り囲む自然の相違にもよるものであろうが、人間が自然を支配するべきだという近代西欧の思想(八三)とは異なるものである。自然の恩を感じることは人間と自然の共生、調和を志向する思想へと発展していく可能性をはらんでおり、これを二一世紀の主潮としていかなければならない。

三―六　第六章の考察

第六章　万分の一の恩返し　では恩返しとしての孝と忠について言及している。最初近くの「日本人の義務ならびに反対義務一覧表(八四)」の中の二、「〃オン〃の反対義務」は “Reciprocals of on” の訳語であるが、わかりにくく「恩への報い(八五)」とか「恩返し」と訳しておく方がよいであろう。

ベネディクトは「〃オン〃の反対義務」の下位分類としてA〃ギム〃〔義務〕、B〃ギリ〃〔義理〕を設けるが、前者は返済不可能な義務であり、後者は等量、等時間の返済可能な義務、負目である。Bは更に（一）世間に対する〃ギリ〃と（二）名に対する〃ギリ〃に分かれ、前者は金銭、好意、手伝い等の利益を得たことに基づく義務、負目であり、後者は侮辱、失敗のそしり等を受けた時に汚名をすすぐ（=報復、復讐）義務、負目である。これらの分類の特徴は周知のようにそれらを金銭の貸借関係のようにとらえていることであり、それはアメリカ人読者に理解しやすいようにとの配慮からなされた工夫であったと言える。

第六章では以上の中の二、〝オン〟の反対義務のA〝ギム〟〔義務〕に含まれる〔忠〕＝「天皇、法律、日本国に対する義務」と〝コー〟〔孝〕＝「両親ならびに祖先（子孫を含む）に対する義務」が中心的にとり扱われている。

忠、孝について、中国では「忠孝の条件であり、忠孝の上に立つ一つの徳を要請(八六)」し、それは「チェヌ」＝「仁」であると言う。日本ではそうした「仁」は要請されず、その根拠を朝河貫一の「これらの思想は明らかに天皇制と相容れぬものであった」という言説に求めているが、現在では、孝については「中国の無条件の孝がそのまま日本に入ってきた(八七)」のが日本の孝であることが明らかであり、中国では親は仁という条件を備えていて、はじめて子供に孝を要求することができるとベネディクトは言うが、①中国において孝は祖先への崇拝と両親への孝養の二つを含み、前者が第一義的重要性を持ち、前者があってその論理的帰結として後者があることを無視、少なくとも軽視している②中国での両親への孝養は倫理思想のレヴェルでは絶対的に無条件であることを知らず、誤ったものになっている(八八)という二点でベネディクトの言説は現在では、不充分であることが判明している。

忠についてもベネディクトは中国では天子は仁という条件を備えていて、はじめて人民に忠を要求することができると述べているが、それは古典儒教において、君主に忠を捧げるのは君主の臣であって民でないことをベネディクトが正しく認識していないことを示しており(八九)、またベネディクトの日本の忠の理解は基本的に明治期の忠の理解であると言える(九〇)。

以上のようにベネディクトの忠と孝についての理解は現在においては不充分な点が明らかになっているのであるが「近代日本においては「忠」を直接な個人的なものにし、特にそれを天皇一人に向かわせるためにあらゆる努力が払われてきた(九一)」ことに注目し、日本人が天皇への「忠」を〝ギム〟〔義務〕（＝どんなに努力してもけっしてその全部を返しきれず、また時間的にも限りのない義務）ととらえていたことを義理との関係の中で位置づけたのは、ベネディクトにしてはじめて成し得たことであると考えられる。ベネディクトは言う。「一九四五年八月一四日に日本が降伏した時に、世界はこの「忠」がほとんど信じがたいほど大きな力を発揮した事実を目撃した」「天皇が口を開いた、そして戦争は終わった。天皇の声がラジオで放送される前に、頑強な反対者たちが皇居の周りに非常線をめぐらし、停戦宣言を阻止しようとした。ところがいったんそれが読まれると、何人《なんぴと》もそれに承服した（九三）」。対日統治政策として「天皇」の日本における意味を正確に把握しておくことは基本中の基本であったのであろう。ベネディクトは天皇の日本における意味を美事にとらえていた。それは詩人としての直感に基づくものであったのかも知れない。

ベネディクトは天皇理解のために〝ギム〟〔義務〕という概念を創出したのかもしれない。天皇への忠は日本独特のものである。天皇は階層制度の頂点に位置するが国家の元首としてではなく、「日本国民の統合の最高の象徴」として役立つべきもので、「一切の世俗的考慮から離れた神聖首長」であり、そのために、「日本の孝行の特徴である家族相互間に見られる顕著な怨恨は、孝行に等しく「義務」とみなされているもう一つの重大な義務である天皇に対する忠節には全く見られない（九三）」ことになる。

明治の政治家達は西欧諸国において歴史は支配者と人民の間の闘争によって作られるが、日本にはふさわしくないと考え、天皇を「神聖ニシテ侵スベカラ」ざるものにし、「すべての日本人が心の中で」「無条件的な最高の徳である「忠」を、天皇に捧げるようにしむけ（九四）」それに成功したのであった。

三―七　第七章の考察

第七章「義理ほどつらいものはない」

では義理について論じている。既述のように義理は等量、等時間の返済可能な、（恩の反対）義務、負目である点が（狭義の）義務と異なる。義理は世間に対する義理と名に対する義理に分かれるが第七章では前者が扱われ、後者は第八章で扱われている。

世間に対する義理は主君や近親・他人に対する恩の反対義務、負目であり、それはその人から受けた「恩」、たとえば金銭を貰ったり、好意を受けたり、仕事の手伝いをしてもらったりしたことに基づくものであり、「遠い親戚（伯父、伯母、従兄弟、従姉妹）に対する義務」はこれらの人々から直接、受けた「恩」に基づくものではなく、共通の祖先から「恩」を受けたことに基づく恩の反対義務、負目である。[九五]

ベネディクトは「義理」をアメリカ人に理解しやすくするために「義理」は借金の返済と同じだと言う。そして日本人はアメリカ人と異なり、好意を受けたり、仕事の手伝いをしてもらったり、共通の祖先から受けた恩に基づく（恩の反対）義務、負目についても借金の返済のように考え、ある人が「義理」を返すことができない場合には、その人が「破産」したのと同じ様にみなす。[九六]

義理は日本文化の独特の範疇[九七]であり、「不本意」である点が（狭義の）「義務」と異なるが、最初は義理には少しも「不本意」なところはなかったとベネディクトは言う。「もしそれが「忠」と衝突すれば、人は堂々と「義理」に忠実であることができた。当時の「義理」は、あらゆる封建的装飾で装われた、愛される、直接的な関係であった。「義理を知る」ということは、生涯、主君に忠節を尽くすということであった。そして主君はその代わりに家来の面倒をみた。「義理を返す」ということは、なにもかも一切世話になっている主君に、生命をも捧げるということであった」[九八]。徳川幕府による国内統一が実現される以前の日本では、将軍への「忠」にもまさる、大きな、また大切な徳と考えられていたのが義理であったとベネディクトは言う。そして、義理に関する物語で最も有名なのは一二世紀の豪傑弁慶の物語であるとし、その物語を紹介している。

弁慶は義経に熱烈な義理を捧げるが、ある時、山伏に身をやつした一行は監視隊に疑いの目を向けられ、弁慶は嫌疑を晴らすために義経を口汚く罵り、顔を打擲《ちょうちゃく》する。考えられない「義理」の違反であるが、そのために一行の生命は救われる。安全な所に来るやいなや、弁慶は身を投げ出し自分を殺すように義経に頼むが、義経は慈悲深く赦してやる。この物語は能等となり夙に有名であるが「義理」の違反は死を以て贖《あがな》われようとする、その死を赦す義経に弁慶は更なる「義理」を感じるというところに臣下の主君への「義理」が美事に象徴的に表現されているからベネディクトは紹介したのであろう。「このような「義理」が心からのものであり、いささかも嫌悪の念に汚されていなかった時代の古い物語は、近代日本が夢みる黄金時代の白昼夢である[九九]」とベネディクトは述べている。しかし、義理は通文化的性格も持っているから「義理の特殊日本的性格の強調には、日本人の国民性の特異さを誇張しがちであった時代の認識の影響がなにほどか作用している[一〇〇]」との指摘もあることには注意しておく必要がある。

三―八　第八章の考察

第八章　汚名をすすぐ　では名に対する義理、名誉が考察されている。「名に対する義理」は「自分の名声を汚さないようにする義務[一〇一]」である。その要点は人から受けた恩恵の返済ではないという点、「恩の圏外」にある点にある。他人の恩と関係ない点において日本的「個人」主義発達の萌芽と考えることが可能であり、「自分の名声を汚さない」ことはややもすれば消極的、防御的行為となりがちであるが、ベネディクトが、それはまた、「自己の名声を輝かすさまざまの行為である[一〇二]」と言うとき、積極的、攻撃的行為ともなりうる。西欧では感謝と復讐は全く相反する範疇に分けられるが、日本では「自分の名声」「名誉」という基準から見れば＋か－かというだけであり、両者は一つの範疇に入れられる。そこには自己と他人との間に常に緊張関係が存在し恥辱を招く機会を避ける方策が講じられる。「名に対する義理」には自己に「ふさわしい位置」が要求する、種々雑多な礼法をすべて守り、苦痛を顔に出さず泰然自若とした態度をとり、専門の職業や技能における自己の名声を擁護することが含まれる。(一〇三)

「名に対する義理」は日本だけのものではなく普遍性を持つ。文芸復興期のイタリアにおいて、最盛期のスペインの el valor Espanõl〔スペイン人の勇気〕、ドイツの die Ehre〔名誉〕等は多くの共通点を持ち、この徳の核心は常に「それが一切の物質的な意味における利得を超越するという点」(一〇四)にあった。

しかし、中国やタイやインドでは「名に対する義理」は存在せず、中国では侮辱や誹謗に対する神経過敏さを「小人《しょうじん》」と考え、タイ人は「相手に負けておくこと」だと言う。第三章で述べたように、どんなに貧しい人間も自分の義務、特権、地位が侵害された場合には抗議することができたのが日本であり、「名に対する義理」のために名誉を毀損した者（階層性の中で自分よりずっと上の者である場合も含む）に対して復讐したり、名のために自殺するのは日本的「個人」主義を生む土壌となったのではないだろうか。なぜなら、人は自己の「名誉」について常に考え、階層制度の中にあっても「名」を重んじる生き方をしようと一人、一人意識し行動するからである。ある意味で個が尊重されているのである。日本は自殺率が高いが、その一因は他のアジアの国（中国、インド、タイ）にはない「名に対する義理」を遂行する「名誉」を重んずる日本人の気質のゆえにもよるのではないだろうか。

近代日本の知識人達の名誉心について、ベネディクトはインテリゲンチアの階層制の中での位置の不安定さが憂鬱と無気力、日本人独特の倦怠を生み出したと言うが、副田（一九九三）の言うように(一〇五)ベネディクトの否定する、明治以降の日本の文明開化は西欧文化の移入による外発的なものであり、圧迫による不自然な発展であって、それが国民に「空虚な感」、「不満と不安の念」を持たせたとする漱石の考えの方が(一〇六)インテリゲンチアの憂鬱、無気力等をより説得力を持って説明できるのではないか。なぜなら漱石はベネディクトが一九三〇年代以降、日本のインテリゲンチアは国家主義的目標を抱き憂鬱、無気力を免れたとした時点でも人気があったからである。

三―九　第九章の考察

第九章　人情の世界　では日本人の快楽に対する処理を扱って論じている。日本人は自己の欲望の満足、たとえば温浴、睡眠、食事、恋愛、芸者・娼婦との遊び、同性愛、自淫的享楽、酒といったものを罪悪とは考えていない。日本人は肉体的快楽を良いもの、涵養に値するものと考える。ただし、快楽は一定の限界内にとどめておかなければならない。快楽は報恩や忠孝、義理の領域に侵入してはならない。なぜなら、日本人は義務の遂行を人生最高の任務と定めているからである。(一〇七)

日本人の「人情」観は肉体と精神という二つの力が生活でたえず闘っていると考える西欧の哲学とは異なり、肉を悪とは見ない。精神と肉体は宇宙の対立する二大勢力ではなく、可能な肉の快楽を楽しむことは罪ではない。(一〇八)日本人は中国人のように「仁」といった絶対的標準によって人を評価するというようなことはしない。日本では人間の性質は生まれつき善であり、信頼できる。必要とするのは、ただ心の窓を清らかにし、場合場合にふさわしい行ないをすることだけである。(一〇九)人間の持つ二つの魂、和魂《にぎたま》と荒魂は一方が地獄に、他方が天国に行くと定まっているのではなく、それぞれ異なった場合に必要であり、善となる。(一一〇)そこには絶対的悪は存在しないとベネディクトは言う。

ベネディクトの言う「人情」とは個人の欲望、感情、好みを包含し、それは一種の人生の気晴らしの場合もある。日本人は幸福の追求を人生の目的とせず、義務の遂行を人生の目的としている。「人情」は義務の遂行の下にある。それで人生の気晴らしにすぎない場合もある。

こうした「人情」のとらえ方は基本的に武士のそれを中心にしたものであって、ベネディクトは日本の村落社会で生成した農民達の性愛の倫理規範や都市生活者たちの間に生成した「いま」の倫理規範には気づかなかった[一一]と言える。江戸時代、大多数を占めた農民にとって性は特に秘するもの、隠すものではなく、むしろ自然なものであり、若者(若衆)宿に入り、その統制のもとに、性行為を伴う男女の交際を行い、それをつうじて配偶者を選んでいった。ベネディクトが注目した、日本人が性愛を良いもの、楽しむものとみる傾向は、農民の性生活の慣習(神道の自然崇拝の影響によって性への制約が無かったこと、性を楽しみ、良いものとする慣習)に有力な源泉のひとつを持っている[一二]と言えよう。

三―一〇　第一〇章の考察

第一〇章　徳のジレンマ　では倫理的諸価値を尊重し分ける技術及び恥の文化を論じている。タイトルの「徳」とは倫理的諸価値のことを指し、忠、孝、義理、仁、人情などを具体的内容とし、それらは原子論的《アトミズム》に存在し、日本人は「孝のために」行動する時と「義理のために」行動する時とでは全く人間が違うように行動する。[一三]ベネディクトがこうしたことを述べる根底には既に見た「人間性の一元的理解」(第一章　研究課題―日本)の見方が存在する。ベネディクトは文化を「パーソナリティをひとまわり大きくしたもの」と見立てうることを示したかったと言う(同上)が、この章でも「「人間はその人柄“character”に相応して」行動する」と同様の意味のことを述べている。ベネディクトにとってcharacterやパーソナリティ、人間性は一貫したものであるはずで、行動が予測可能なものであるべきものであった。しかし、日本人は違う。何故か?ここにベネディクトの日本研究上の根本的問いがあったと考えられる。倫理的諸価値は原子論的に存在するから、葛藤(ジレンマ)の生じることもある。「孝ならんと欲すれば忠ならず、忠ならんと欲すれば孝ならず」というのがその好例である。赤穂浪士の「四十七士物語」は浅野侯という主君に対する「義理」(「不本意」の要素が全然なかった時代の義理)と幕府への「忠」のジレンマを美事に解消した例であるから日本人はこの物語を愛し続け上演し続ける。

明治政府は『軍人勅論』を一八八二年（明治五）に発布し、日本の道徳の原子論的状態を緩和しようとして「忠」を全うすることによって、他のすべての義務を果たしたことになる」[二四]と教えようとした。

日本人が区分している生活の「世界」には「悪の世界」は含まれておらず、「生活」を一つの「世界」と他の「世界」の行動方針の要求を注意深く比較考量することを必要とする一篇の劇と見ているとベネディクトは言う。そして、徳の間のジレンマを調整しなければならないのである。

ベネディクトは日本の文化は恥の文化（shame culture）であり、アメリカの文化は罪の文化（guilt cultue）であると言う。

恥の文化は「外面的強制力にもとづいて善行を」行い、罪の文化は「内面的な罪の自覚にもとづいて善行を行う」。恥を基調とする文化では生活の全面をおおう倫理的戒律は全く無用で、悪い行ないが「世人の前に露顕」しない限り、思いわずらう必要はなく、「個に対してはもとより、神に対してさえも告白するという習慣はない」。それに対して罪を基調とする文化は「道徳の絶対的標準を説き、良心の啓発を頼みにする社会」である。このことを一九四五年の敗戦から間もない日本人はすぐれた欧米の「罪の文化」対劣った日本の「恥の文化」と理解した。ベネディクトが日本文化を欧米文化より劣ったものと見ていたかどうかについては肯定するもの[二五]と否定するもの[二六]があるが、アメリカでは恥が次第に重みを加えてきつつあり、罪は前ほどには、はなはだしく感じられないようになってきている、アメリカではこのことは道徳の弛緩と解されており、それは「われわれが恥には道徳の基礎というような重任を果たす資格がないと考えているからである」[二七]とベネディクトが述べていることから、ベネディクトが客観的自己分析の視点を持っていたことを全面的に無視することはできないであろう。

三—一一　第一一章の考察

第一一章　修養　では日本人の自己訓練、精神修養をとりあげ、氏族、家本位の倫理規範の拘束をつきぬけて個人として、より人間らしく生きるための自己操作の工夫を論じている。(一八)

日本人の自己訓練、精神修養は能力を授けるものとそれ以上のものを与えるものとに分けられるが、前者は「処世態度を改善する」ために行われ、後者（＝「練達」）は「無我」という語等でその達した境地が言い表される。後者については全然訓練を受けたことがない人でさえ一種の「無我」の経験をすることがあり、能や歌舞伎を見物する人が、舞台に引き入れられてすっかり我を忘れてしまう時、「観る我を失う」と言われる。(一九) 日本人は「無我」の習慣や「死んだつもりになって生きる」習慣において、意識を排除する。(二〇) これはアメリカ人が観る我を自己の内にある理性的原理とみなし、最後まで理性的に行動することを誇りとすること、「死」者を、良心をもたぬ、罪の意識を感じなくなった人間としてマイナス・イメージでとらえるのと好対照をなしている。

日本人にとって、人間はその心の奥底において善である。もしその衝動がそのままただちに行動となって現れうるならば、人間は容易に徳行を行うことができる、そこで彼は「「練達」の修行を積んで、〝ハジ〟（恥辱）の自己監視を排除しようとする。そうなった時にはじめて、彼の「第六官」は障害を取り除かれる。それは自意識と矛盾相剋からの究極的解放である」。(二一) 日本人はより人間らしく生きるためにそうした自己操作の工夫をしているとベネディクトは言う。

ベネディクトは、アメリカ人が「自己犠牲」によってしていることを、日本人は「相互交換」「相互義務」でしていると言う。(二二) 日本人は「伝統的な相互義務の強制力のゆえに、彼らは個人主義的な、競争ということを基調とする国ぐにおいてややもすれば起こりがちな、自己憐愍《れんびん》と独善の感情を抱かなくともすむ」(二三) と言うベネディクトは他者に説教をする立場から自己犠牲の観念に苦しむ、自己を凝視するリアリストへ変身し、日本文化をアメリカ文化と対等な一文化とみなし、諸文化相対主義にもっとも近づいたと思われる(一二四)という識者の言辞があるが的を射たものであろう。ベネディクトは一九三一年離婚し、コロンビア大学人類学部助教授となった。愛の終わりが仕事の始まりとなり、自己犠牲を拒んで、自己実現を選んだ(一二五)のだと言う。

三—一二　第一二章の考察

第一二章　子供は学ぶ　は子供の社会化について論じている。日本では赤ん坊と老人に最大の自由と我儘が許されている。子供は恥を知らない存在だから自由と我儘が許されるのである。少年を慎重な日本人の大人の生活の型にはめこむという、重大な仕事が本当に始まるのは、子供が学校に行きだしてから二、三年たった後のことである(一二六)。「男の子は一〇歳ごろから、名に対する義理を学ぶ。」と日本人は言う。今までベネディクトが何回か言及した、日本人が人は生来善であると考えていること、神々は慈愛深く、日本人であることはたぐいなく望ましいことであるなどと説くのは彼らの幼年時代を別な言葉で表現しているのである(一二七)とベネディクトは言う。また、西洋人の目を驚かす日本人男子の行動の矛盾は、彼らの子供時代の訓育の不連続性から生じる(一二八)とするが、育児様式の型が成人たちのパーソナリティや社会制度の原因であると単純に言い切ることはできず、両者のあいだには、相互関係、相互補強の関係があると言った方が妥当であろう(一二九)。

ベネディクトは第一二章の最後の部分で日本の古い伝統的な徳の一つである、日本人が「身から出た錆《さび》」は自分で始末するという言葉で言い表している「自己責任の態度(一三〇)」を高く評価している。「自己責任」は自由なアメリカよりも、遙かに徹底して解釈されており、日本的な意味において、刀は攻撃の象徴ではなくして、理想的な立派に自己の行為の責任を取る人間の比喩となり、(三二)その刀はより自由な、より平和な世界においても、なお彼らの保存しうる象徴であると述べる(三二)ベネディクトの脳裏には自由が時に放縦となるアメリカの姿がよぎったのかも知れない。

三—一三　第一三章の考察

第一三章　降伏後の日本人　では敗戦国日本の再建について論じている。

ベネディクトはラフカディオ・ハーンの「おのおのの藩、もしくはおのおのの党派の熱烈な追随者は、新しい政治を、たんに新しい種類の戦いとして——指導者の利益のために戦う忠誠の戦いとしてしか、理解していなかった」(三三)という文章を引用して、西欧流のデモクラシーを導入しても日本的改変を受けることだろうと述べている。また、アメリカは日本人が辱めを受けたと思いこまぬよう慎重にふるまわなければならない、そのことと日本が一切の軍備を奪われることとは全く違う次元のことであると言う。日本は軍国主義が世界の他の国々においても失敗したのか、ということを知るために他国の動静を注視し、もし失敗しなかったとすれば、再び軍国主義の道を歩み、もし失敗したということになれば、平和国家になるであろう(三四)と日本が恥の文化を基調とする機会主義的な行動の動機を依然、持ち続けるであろうことを述べて、この章を終わっている。

四　ベネディクトをどう評価するか

ベネディクトの『菊と刀』が出版されて半世紀以上の時が経つ。この間、東西陣営による冷戦からベルリンの壁の崩壊、世界へのアメリカの支配力の増大とそれへの諸国の余儀ない協力もしくは反発と、時代は移ってきている。一九四五年以降、日本において「天皇」に変わったものは「アメリカ」のようである。しかし、アメリカの事物は「日本的個人主義」と「自由」によって変形され、日本人は現在も古いものと新しいものの間で回りを気にしながら生を送っている。現在の時点から七〇年余り前のこの本、人をどう評価するか。以下、現在から見たベネディクトの評価について論究してみたいと思う。

ベネディクトの方法論について次のような疑問が呈されている。通時的に、つまり歴史的に見る分析が視野の外におかれているのではないか。共時的に、日本人の階層や地域、職業等の差異を捨象して同質的 homogeneous な人間の総体としての「日本人」しか扱っていないのではないか。小島武宜によるものである。(一三五) 通時的に見る分析を重んじる立場の背景には歴史を一方向に発展的に進むものとしてとらえる歴史観が伏在しているように思われる。美意識等は他の時代（たとえば江戸時代）のそれと現代のそれをいっしょに論じてもさしつかえないのに対して、文化の現代的特徴やエネルギー利用、社会政策については別々に論じなければならない。ベネディクトは前者に多くの関心を寄せていた(一三六)という識者の言辞があるが的を射たものであると考えられる。また、日本文化論、日本人論について江戸期以降のものの歴史的展開をながめたとき、明治維新を契機とするもの（＝第一群。たとえば新渡戸稲造『武士道』（一八九九年）内村鑑三『代表的日本人』（一九〇八年）夏目漱石『現代日本の開花』（一九一一年））と太平洋戦争を契機とするもの（＝第二群。柳田国男「先祖の話」（一九四六年）丸山真男『現代政治の思想と行動』（一九五七年）中村元『東洋人の思惟方法三　日本人の思惟方法』（一九六二年））がある。ベネディクトの『菊と刀』は一九四六年に刊行されたが新渡戸稲造の『武士道』の強い影響もあることから、「着眼や発想の様式においては第一群のヴァリエイションの一例であり、いわばおくれて到着した第一群の後裔であるという一面をもつ」(一三七)と言える。このことはベネディクトが『菊と刀』で何故、明治維新までで歴史の記述をやめたかを説明する傍証になると考えられる。なぜなら、第一群のヴァリエイションである以上、『菊と刀』の日本史の叙述は明治維新で終わるのが自然(一三八)だからである。

また、ノーマン（『日本における近代国家の成立』の著者で『菊と刀』第四章「明治維新」はノーマンのこの著書に負うところが大きい）が一九四〇年の現代日本は明治期の社会変革のいくつかの特性がつくりだしたものだと考えたことも、[一三九]ベネディクトが大正、昭和の記述を行わなかった傍証となるであろう。要するに、ベネディクトが関心を持っていたのは歴史の客観的な記述ではなく、歴史の中に見られる日本人の精神文化の傾向性であったと言えよう。したがって、通時的、歴史的な分析が視野の外におかれているという批判は当たらない。その批判には敗戦後の思想的偏向の影響もあったと考えられる。

共時的に同質的な人間の総体としての「日本人」しか扱っていないのではないかという疑問については、確かに認めざるを得ない点も存在する。ベネディクトは明治以降の権力が作って国民に課した性愛の倫理規範を日本人の国民性であると見たが、近代に入って作られた前近代的規範であるということを認識しなかった、そしてまた「日本の村落社会で生成した農民たちの性愛の倫理規範や、都市生活者たちのあいだに生成した「いき」の倫理規範には気づかなかった」[一四〇]のである。更に「恩」はベネディクトのように武士的恩としてのみ理解するのはまちがいであり、親の恩には仏教で言う恩愛の側面があり、それは欧米風の表現ならば無償の愛に近いがベネディクトはそれを理解しなかった。[一四一]この疑問の背景にも敗戦後の思想的偏向の影響が多大であったと考えられるが、ベネディクトの『菊と刀』に修正が求められるところであろう。

次にベネディクトの評価として問題となるのは恥、罪の概念をめぐる問題である。

まず恥についてであるがベネディクトの恥の概念は正当で修正、追加の必要のないものなのであろうか。ベネディクトは「恥は他人の批評に対する反応である。人は人前で嘲笑され、拒否されるか、あるいは嘲笑されたと思いこむことによって恥を感じる。いずれの場合においても、恥は強力な強制力となる。[一四二]」と言う。これは強制力の面に注目した恥の定義である。更にベネディクトは「明らかに定められた善行の道標に従いえないこと、いろいろの義務の間の均衡をたもち、または起こりうべき偶然を予見することができないこと」[一四三]が恥辱（〝ハジ〟）であると言う。これは原動力の面に注目しての恥の定義である。恥の強制力としての面のそれは、人からバカにされまいとして人が努力する力となり、原動力としての面の恥は、人と人の間の調和を重んじる基礎となる。

　強制力の面に注目した恥の定義は公恥（public shame）であり、ベネディクトはそれはとらえた。しかし、人は「他人から称賛された際にも、あるいはそれを想像しても、いたたまれぬ想い、恥を感じる」[一四四]。それは羞恥、私恥であるとする識者の言がある。公恥、私恥両方に適用されうる、恥の一般的な概念を形成しなければならないと言う。

　羞恥の理解は、恥による行動の規制が外部の世間によってのみ行われるのではなく、「内部の自我」によっても行われることを示しているが、罪による行動の規制も同様に、ベネディクトの言うように内面の良心が働くだけではなく、司法機構や世論が外側から働いているのであり[一四五]、「恥＝外面的制裁、罪＝内面的制裁というベネディクトの図式にはかなりの無理がある」[一四六]と識者は言う。しかし、この解釈は二項対立的過ぎるのではないか。ベネディクトは罪と恥の概念を対立的に不連続のものとしてとらえていたのであろうか。

　ベネディクトは言う。「アメリカでは、恥が次第に重みを加えてきつつあり、罪は前ほどには、はなはだしく感じられないようになってきている」[一四七]。ベネディクトは罪と恥の概念を対立的に不連続でとらえているのではない。日本とアメリカについて罪と恥のどちらが特徴的、優勢的であるかを述べているにすぎない。このことは有名な「真の罪の文化が内面的な罪の自覚にもとづいて善行を行なうのに対して、真の恥の文化は外面的強制力にもとづいて善行を行なう。[一四八]」という文章について、どのような解釈を施すかということにも関係している。副田（一九九三）はこの文章を読むとき「私は、罪の文化が非現実的に高尚化され、恥の文化が意地悪く戯画化されているように感じる。そのカリカチュアのなかで恥の文化もまた、その内部で生活する人びとに自我や良心を形成するという重要な事実が消滅する」（一四九）と言う。この文章の英語の原文は “True shame cultures rely on external sanctions for good behavior, not, as true guilt cultures do, on an internalized conviction of sin” である。直訳すると「まじりけのない恥の文化は、善行に対する外部からの支持を信頼し、まじりけのない罪の文化がするような、内面化された罪の自覚を信頼することはない」（一五〇）となる。これは「恥の文化では自分が善いと思うことをすれば他人もそれを善いと認めてくれるからするのであって、自分が善いと思えば他人が認めようと認めまいとかまわずに実行するという罪のやり方とは違う、ということなのである」（一五一）とまで解釈するのは行き過ぎだとしても、罪の文化と恥の文化の間の差異はただひとつ「信頼すべきものを内に求めるか、それとも外に求めるかという点だけである」（一五二）ということには首肯せざるを得ないであろう。

更に言うなら、ベネディクトは「恥は日本の倫理において、「良心の潔白」「神に義とせられること」「罪を避けること」が、西欧の倫理において占めているのと同じ権威である地位を占めている」（一五三）と述べているから、決して恥の文化を罪の文化より劣ったものととらえていたわけではないのである。ではなぜ罪の文化が恥の文化より優れたものとして一般的にとらえられているかと言うと、『菊と刀』刊行直後の日本における読まれ方に大きく負っていると言えそうである。副田（一九九三）は我妻洋と祖父江孝男の共著『国民の心理―日本人と欧米人』（一五五）の第三章「日本人の心理」で敗戦後一四年経っても我妻が日本人は「封建的で、権威主義的で、前近代的で、非民主的だ」（一五六）と述べているのを一例として挙げる。劣った日本、優れた欧米。そうした近代主義者の主張は、ベネディクトが提唱した諸文化相対主義と矛盾していると言う。（一五七）（もっとも既述のように副田（一九九三）はベネディクトは罪の文化を恥の文化より上のものとして描いていると言い、その点で近代主義者がベネディクトの恥の文化の考え方を全く誤解しているとも言いきれないと言う。（一五八））

そもそも罪の文化は宗教規範の体系であり恥の文化は対人規範の体系であって、ベネディクトは比較しえないものを比較しているという批判[一五九]もあるが、ベネディクトが究明しようとしたのは諸文化の型であり、欧米の文化を罪が優勢な文化とし、日本の文化を恥が優勢な文化としたのであった。

恥の文化には独創的な善行が行われる機会がないという弱点[一六〇]があるが、罪の文化について「他人が何と言おうと自分はこれが正しいと信ずると言って押し通すことがどんな場合にも当たり前であって良いかというと、そうは行かない。歴史は、そういう価値観が多くの流血をもたらしたことを示している。そしてその行き着く先は弱肉強食の世界である」[一六一]という指摘があるように、また、アメリカ人が全くの自由人であるかというとそんなことはなく「現代のアメリカ人の良心がいかに罪の意識に悩んでいるかということは、すべての精神科医の承知しているところである」[一六二]とベネディクトが言うように罪の文化にも恥の文化と同様に問題点が存在する。罪の文化と恥の文化の相違は優劣の問題ではなく、どちらが特徴的、優勢的かといった問題、相違である。

次にベネディクトの評価として諸文化相対主義と自文化絶対主義の問題をとりあげる。『菊と刀』の各章でベネディクトはこの二つのどちらを中心にして論究したのかと言うと、諸文化相対主義を中心にしたと言えるであろう。諸文化相対主義とは次のように要約できるもののことを指す。「諸民族はそれぞれに固有の文化をもっている。各民族はいずれも自らの文化のもとでもっとも快適に、自然に、生活することができる。そのかぎりでは、したがって、各文化のあいだに絶対的で唯一の基準からみた優劣はない。どの文化も、そこに属する人びとにとっては、それがもっとも優れているのである。各文化の価値はそのように相対的なものである」[一六三]。これに対立するのが「自分が属する文化のみが進歩した、正義にかなったものだとかんがえる」[一六四]自文化絶対主義である。

副田（一九九三）はベネディクトは『菊と刀』の中で日本文化をアメリカ文化、更にはそれを含む西洋文化と対比しつつ、諸文化相対主義の原則をよく守り続けたが、自文化絶対主義の方向に何度か逸脱したと言う[一六五]。たとえば恩

（第五章）や子供の社会化（第十二章）などを論じたところでは自文化絶対主義に安住した。自我と無我、自己訓練、などを論じたところ（第十一章）では諸文化相対主義に徹して、自文化絶対主義から最も遠ざかっているとする。[一六六]

その自文化絶対主義は恩については家族愛や祖国愛について、無条件の愛、無償の愛という理想に強くこだわっていたこと、文明社会の倫理や感情に関する体系的考察、たとえばジンメルの著作などを充分に読んでいなかったことに、子供の社会化については、「価値や感情と行動や表現方法の双方で日米が異なるもの」に属する日本人の行動、習慣しかとりあげなかった[一六七]ことに胚胎すると言う。

第一一章で諸文化相対主義に徹して、自文化絶対主義から最も遠ざかったところとは以下の部分である。「親は子供のために多大なる犠牲を払い、妻は夫のためにその生涯を犠牲にし、夫は一家の生計を立てるために自己の自由を犠牲にするというのが、まず標準的な西欧人の心情である。アメリカ人には自己犠牲の必要を認めない社会が存在するなどということは思いもよらないことである。ところが実際にそういう社会が存在する。そしてそのような社会において人びとは、親は人情として当然子どもを可愛がり、女は他のいかなる生活よりも結婚生活にはいることを望み、一家の生計を立てる人間は猟師なり、植木職なり、自分の好きな仕事をしているという。どうして自己犠牲などということを口にする必要があろうか。社会がこういう解釈を強調し、人びとがそのような解釈にしたがって生活することを許容している場合には、自己犠牲の観念はほとんど全く認められない[一六八]」。この日本人の家族生活についての描写にはほとんど羨望ともいうべき感情が滲んでいる。[一六九]

第一一章　修養　では更に意識をめぐる日米比較が論じられているが、これも諸文化相対主義に立脚した論であろう。ベネディクトはアメリカ人は「観る我」を「自己の内にある理性的原理」とみなし、「危機に臨んでも抜かりなくそれに注意を払いつつ行動することを誇りとする」が、これに反して日本人は「魂の三昧境に没入し、自己監視が課する掣肘《ちゅう》を忘れる時、今まで頚のまわりに縛りつけられていた重い碾臼《ひきうす》が落ちたような感じがする」(一七〇)と言う。それは「練達」の境地であり、意志と行動との間に「髪の毛一筋ほどの隙間もない」状態である。練達に達しない人々の場合には、意志と行動との間に一種の絶縁壁が立ちはだかり、この障壁を日本人は「観る我」「防げる我」と呼ぶ。(一七一)「意識」を尊重するアメリカ人と「意識」を練達に達することをはばむ障壁としてとらえる日本人は対等に論じられている。また、「死んだつもりになって」という表現を日本人は重んじるが、西欧人は自我の死滅ととらえ嫌悪する。それは、やはり意識の排除を重んじるかどうかによる。(一七二) ここでも西欧人と日本人は対等に論じられている。一 序で述べたように、そうしたベネディクトの「死んだつもりになって」生きる気分の理解には、墓の中にいる自分という空想を子供時代から楽しんできたベネディクトの経験が大きく与《あず》かって力あったと考えられる。(一七三)

ベネディクトの仕事を理解するキーワードは「型《パターン》」であり、その偉大な才能は様々な細かいデーターをよせ集め、それを生き生きとして系統的な、しかも込み入った型に配列するところにあるようだが、(一七四) 換言すればベネディクトは静的体系を創出する妙手であるということになる。ベネディクト評価として次に、そうした静的体系を創出する根《ね》にあるものについて考察してみたいと思う。

既述(一 序)のようにベネディクトの幼年期の「死」にまつわる体験はベネディクトに大きな影響を与えている。ここでそのことを再確認しておくことにする。大きな影響を与えた幼年期の第一の「死」にまつわる体験は父の死に関するものである。ベネディクトが一歳九ヶ月の時、父が亡くなり、母は父のことを記憶に留めさせておくためにベネディクトを父の柩を安置した部屋へ連れて行き、父のことを忘れないようにとベネディクトに哀願した。「母は父の死から悲嘆の祭儀をつくり上げ、毎年三月になると教会へ行って泣き、夜はベッドの中で泣いた。これはいつも同じ作用を私に及ぼした。からだが本能的に異常な具合にふるえ、耐え難い苦痛におそわれるのだが、それが頂点に達するとオーガズムのように間欠的にからだが硬直して終わるのである」[一七五]。この反応をダグラス・ラミス（昭和五六）は父の死に対する母の態度をベネディクトが共有していたことを意味するのではなく、逆に死に対してではなく「生きていることにたいする嫌悪感」[一七六]を表すものであったと思われると述べている。そして、この経験がベネディクトの人生を「二つの世界」に分断したとベネディクトは言う。「ひとつは父の世界でありそして美しい世界であった。もうひとつは混乱と悲しみのあまりとりみだす世界、私が拒否した世界である。私は母が好きでなかった」[一七七]。ベネディクトが父の、美しい世界＝死の世界に共感していたことが窺われる。

ベネディクトが四歳の時に近所の赤ん坊が死に、その家へ連れて行かれる。小さな女の子は「すきとおるような美しさ」を持ち、関連して死について次のように述べている。「いまになっても私は、自分が愛した人の死に顔をみることができないと、だまされたようなあるいはその人に誠実でないような気になる。（中略）スタンレー（ルース・ベネディクトの夫）の父親は、私の知るかぎり、打ちひしがれた気むずかしい人物で、精神病院に入っていた。しかし彼が柩に入れられたとき、私は彼をほんとうに理解した。生きていたとき以上に理解したのだ。彼があのような顔をかちえたことを喜んだのは私ひとりだったというのは、まったく理不尽なことに思われた」[一七八]。ベネディクトにとって「死」は「人間的弱さが克服され、人生のみにくさも乗り超えられ、対立や屈辱も終止符をうつような世界」[一七九]であった。「威厳」すらベネディクトの死の世界にはあった[一八〇]と言う識者もいる。

ベネディクトは子供の頃、干し草の中に身をうずめ、墓の中にいるつもりになっていたと言う。「肉体的な死についてのこうした感情は、私の念頭を去ったことがない。かつての私は今よりもたえず死んで横たわっている自分というものを考えていた。それはまともに生きてゆくための励ましとして、心に深く刻まれたことであった」[一八一]。生の中にある死を想像することによって、それを生きる原動力にしていたベネディクトはある種、東洋的ですらある。しかし、それに続けて言う部分はベネディクトが死にすら安息を見出していなかったことを物語っている。「死ですらあまりの憎悪とけちくささに満ちた顔を、あのように特別に変容させることはできない」[一八二]。しかし、生中の死を生きる原動力とするというのは、「日本人は恥辱感を原動力にしている。[一八三]」というベネディクトの言葉を想起させる。ベネディクトは二項対立的、二元論的思考から自由であったのではないだろうか。少なくとも無意識にしろ、それを志向する時があったのではないだろうか。

ベネディクトの死への観念は以上見たように生中に死を見出すようなものであり、決して単なる静的な美の世界ではなかった。しかし、死はやはり美の世界であることに変わりはない。ダグラス・ラミスは、ベネディクトにとって「まさに人類学こそ、（中略）死者のもつ美しさに思いをめぐらすことのできる分野ではなかったか」[一八四]と言い、『菊と刀』はルース・ベネディクトの「日本文化への墓碑銘」[一八五]なのだと言う。ミードが「（この本は）どの順序で読まれてもよい。終わりを遂げた生命は、すべてが同時にみられるからである…」[一八六]と言うのに注目して、死を完成とひとつの時間を超えた頂点とするベネディクトの考えをミードは知り抜いていたと述べるラミスの[一八七]視点は鋭い。

ベネディクトの靜的体系創出の根にあるものは過ぎ去った、既に「死」んだものを含めた未知の異文化を全的に理解し、顕彰しようとする意欲ではなかったのだろうか。

しかし、ベネディクトはラミスが言うように[一八八]「日本文化への墓碑銘」として『菊と刀』を書いたのだろうか。第一〇章　徳のジレンマ　の最後の部分を引用して、「日本人がいっそうアメリカ人らしくなることは自然で健康的な成長過程であるが、これにたいしアメリカ人が日本社会に適合しようとつとめることは、自然の法則に反し、みずから悲惨な奇形の姿をさらすことになるにちがいない」[一八九]とベネディクトは教えているとラミスは言うが、ベネディクトは自文化絶対主義の立場からのみ『菊と刀』を書いたのではなく、むしろ基本的には諸文化相対主義の立場に立って

『菊と刀』を書いたのであることは既に見た通りである。

共時的に同質的な人間の総体としての「日本人」しか扱っていないのではないかという疑問については確かに認めざるを得ない点も存在すると述べたが、それは『菊と刀』に修正が求められるという意味であり「歴史を無視したという批判、江戸時代も昭和もかまわず、また古典文学や映画からも、手当たり次第に例を引っぱり出したという批判」[九〇]が正しいということを意味しているのではない。既述のように美意識等は他の時代のそれと現代のそれをいっしょに論じてもさしつかえないのであり、ベネディクトが記述しようとしたのもそうしたカテゴリーのものであった。ラミスは「要するにベネディクトが書いたのは「文化の型」でも何でもなく、国家が後押しするイデオロギーであった」[九一]と言うが、国民の文化の型と国家のイデオロギーは画然と区別されるものではないし、『菊と刀』が描く日本文化は、それ自体がひといろのものではないから[九二]ラミスの批判は当たらない。

総じてベネディクトの『菊と刀』は現在から評価すると次のように結論づけられるであろう。一部修正すべき個所もあるにはあるが、その直感力と洞察力、そして日本文化についての体系を創出した力は並々ならぬものであり、今後も不朽の日本論の名著の一冊として人々に読み継がれていくことであろう。

五　結び

以上、ベネディクトの日本論について、二　ベネディクトについて　で、ベネディクトの人となり、その経歴について述べ三『菊と刀』についてで、『菊と刀』の全体的構成と各章（第一章～第十三章）について考察した。四　ベネディクトをどう評価するか　では、『菊と刀』に対する批判や恥、罪の概念をめぐる問題、諸文化相対主義と自文化絶対主義の問題、体系創出の根にあったもの、総じてのベネディクトの『菊と刀』への現在から見た評価等について考察、言及した。日本の土を一度も踏むことのなかったベネディクトではあったが日本文化への洞察は他の追随を許さないものがあることを考えると、外国へ行くのがさほど珍しくないようになった現在の状況において、外国へ行ったからといってはたしてその異文化が見えるのだろうかという逆の疑念も湧いてくる。ともあれベネディクトの日本論には現在でも学ぶべきところが多いと言えよう。

〔注〕

（一）マーガレット・ミード著　松園万亀雄訳（昭和五二）一五頁。
（二）マーガレット・ミード著　松園万亀雄訳（昭和五二）一六頁。
（三）マーガレット・ミード著　松園万亀雄訳（昭和五二）一六頁。
（四）An Anthropologist at Work Writing of Ruth Benedict By Margaret Mead, Houghton Mifflin Company, 一九五九　九九頁。
（五）副田（一九九三）一三三頁。
（六）同（四）書　一〇一―一〇二頁。
（七）『菊と刀』第一一章　修養
（八）副田（一九九三）一三五頁。
（九）ルース・ベネディクト著　長谷川松治訳（二〇〇五）二五〇頁。
（一〇）マーガレット・ミード著　松園万亀雄訳（昭和五二）一八頁。
（一一）マーガレット・ミード著　松園万亀雄訳（昭和五二）三一―三二頁。
（一二）マーガレット・ミード著　松園万亀雄訳（昭和五二）三四頁。
（一三）マーガレット・ミード著　松園万亀雄訳（昭和五二）三五―三六頁。
（一四）マーガレット・ミード著　松園万亀雄訳（昭和五二）三六頁。
（一五）マーガレット・ミード著　松園万亀雄訳（昭和五二）三七―三八頁。
（一六）マーガレット・ミード著　松園万亀雄訳（昭和五二）四三頁。

(一七)　マーガレット・ミード著　松園万亀雄訳（昭和五二）五一頁。
(一八)　ルース・ベネディクト著　長谷川松治訳（二〇〇五）四一八頁。
(一九)　副田（一九九三）三七頁。
(二〇)　ルース・ベネディクト著　米山俊直訳（一九七三）四二七八頁。　副田（一九九三）三八頁。
(二一)　副田（一九九三）三八頁。
(二二)　副田（一九九三）三八頁。
(二三)　マーガレット・ミード著　松園万亀雄訳（昭和五二）九頁。
(二四)　副田（一九九三）三八頁。
(二五)　マーガレット・ミード著　松園万亀雄訳（昭和五二）八八―八九頁。
(二六)　マーガレット・ミード著　松園万亀雄訳（昭和五二）八九頁。
(二七)　マーガレット・ミード著　松園万亀雄訳（昭和五二）九五頁。
(二八)　マーガレット・ミード著　松園万亀雄訳（昭和五二）一〇一頁。
(二九)　マーガレット・ミード著　松園万亀雄訳（昭和五二）〇一頁。
(三〇)　マーガレット・ミード著　松園万亀雄訳（昭和五二）一一二頁。
(三一)　マーガレット・ミード著　松園万亀雄訳（昭和五二）一一八頁。
(三二)　副田（一九九三）三九四―三九五頁。
(三三)　副田（一九九三）三四頁。
(三四)　副田（一九九三）三九五頁。
(三五)　副田（一九九三）三九五頁。
(三六)　副田（一九九三）三九五頁。
(三七)　副田（一九九三）三九七頁。
(三八)　副田（一九九三）三五一頁。
(三九)　森（二〇〇二）二四頁。
(四〇)　副田（一九九三）三六六頁。

(四一) 副田(一九九三)三七一頁。
(四二) ルース・ベネディクト著 長谷川松治訳(二〇〇五) 一一頁。
(四三) 副田(一九九三)三四頁。
(四四) 副田(一九九三)三四頁。
(四五) マーガレット・ミード著 松園万亀雄訳(昭和五二)七三頁。
(四六) 副田(一九九三)三四―三五頁。
(四七) ルース・ベネディクト著 長谷川松治訳(二〇〇五)三三頁。
(四八) 副田(一九九三)四三頁。
(四九) ルース・ベネディクト著 長谷川松治訳(二〇〇五)二三頁。
(五〇) ルース・ベネディクト著 長谷川松治訳(二〇〇五)三一頁。
(五一) ルース・ベネディクト著 長谷川松治訳(二〇〇五) 一六頁。
(五二) 副田(一九九三)四〇〇頁。
(五三) 副田(一九九三)四〇一頁。
(五四) 副田(一九九三)五七頁。
(五五) ルース・ベネディクト著 長谷川松治訳(二〇〇五)三五頁。
(五六) ルース・ベネディクト著 長谷川松治訳(二〇〇五)四八頁。
(五七) ルース・ベネディクト著 長谷川松治訳(二〇〇五)五〇頁。
(五八) ルース・ベネディクト著 長谷川松治訳(二〇〇五)五一頁。
(五九) ルース・ベネディクト著 長谷川松治訳(二〇〇五)五三頁。
(六〇) ルース・ベネディクト著 長谷川松治訳(二〇〇五)六〇頁。
(六一) ルース・ベネディクト著 長谷川松治訳(二〇〇五)六六頁。
(六二) 副田(一九九三)六一頁。
(六三) ルース・ベネディクト著 長谷川松治訳(二〇〇五)九一―九二頁。
(六四) ルース・ベネディクト著 長谷川松治訳(二〇〇五)七六頁。

(六五) ルース・ベネディクト著　長谷川松治訳（二〇〇五）八二頁。
(六七) ルース・ベネディクト著　長谷川松治訳（二〇〇五）一〇一頁。
(六八) ルース・ベネディクト著　長谷川松治訳（二〇〇五）一一三頁。
(六九) ルース・ベネディクト著　長谷川松治訳（二〇〇五）一〇五頁。
(七〇) ルース・ベネディクト著　長谷川松治訳（二〇〇五）一〇八―一〇九頁。
(七一) ルース・ベネディクト著　長谷川松治訳（二〇〇五）一二〇頁。
(七二) ルース・ベネディクト著　長谷川松治訳（二〇〇五）一二二―一二五頁。
(七三) 副田（一九九三）一四一―一四七頁。
(七四) 副田（一九九三）一四八頁。
(七五) ルース・ベネディクト著　長谷川松治訳（二〇〇五）一三〇―一三一頁。
(七六) 吉田金彦（平成一五）一一七―一一八頁。
(七七) 土居健郎（昭和四六）三八頁。
(七八) ルース・ベネディクト著　長谷川松治訳（二〇〇五）一二一頁。
(七九) ルース・ベネディクト著　長谷川松治訳（二〇〇五）一二四頁。
(八〇) ルース・ベネディクト著　長谷川松治訳（二〇〇五）一二六頁。
(八一) ルース・ベネディクト著　長谷川松治訳（二〇〇五）一二九頁。
(八二) ルース・ベネディクト著　長谷川松治訳（二〇〇五）一四一頁。
(八三) 副田（一九九三）一四〇頁。
(八四) ルース・ベネディクト著　長谷川松治訳（二〇〇五）一四四頁。
(八五) 副田（一九九三）一五四頁。
(八六) ルース・ベネディクト著　長谷川松治訳（二〇〇五）一四六頁。
(八七) 副田（一九九三）一七四頁。
(八八) 副田（一九九三）一七四頁。
(八九) 副田（一九九三）一七四頁。

(九〇) 副田(一九九三)一七六頁。
(九一) ルース・ベネディクト著 長谷川松治訳(二〇〇五)一五九頁。
(九二) ルース・ベネディクト著 長谷川松治訳(二〇〇五)一六二—一六三頁。
(九三) ルース・ベネディクト著 長谷川松治訳(二〇〇五)一五五頁。
(九四) ルース・ベネディクト著 長谷川松治訳(二〇〇五)一五六頁。
(九五) ルース・ベネディクト著 長谷川松治訳(二〇〇五)一四五頁。
(九六) ルース・ベネディクト著 長谷川松治訳(二〇〇五)一七四—一七五頁。
(九七) 副田(一九九三)一八〇頁。
(九八) ルース・ベネディクト著 長谷川松治訳(二〇〇五)一七二頁。
(九九) ルース・ベネディクト著 長谷川松治訳(二〇〇五)一七二頁。
(一〇〇) 副田(一九九三)二〇一頁。
(一〇一) ルース・ベネディクト著 長谷川松治訳(二〇〇五)一七九頁。
(一〇二) ルース・ベネディクト著 長谷川松治訳(二〇〇五)一七九頁。
(一〇三) ルース・ベネディクト著 長谷川松治訳(二〇〇五)一七九頁。
(一〇四) ルース・ベネディクト著 長谷川松治訳(二〇〇五)一八一頁。
(一〇五) 副田(一九九三)二三七—二三八頁。
(一〇六) 夏目漱石 (一九七八)
(一〇七) ルース・ベネディクト著 長谷川松治訳(二〇〇五)二三四頁。
(一〇八) ルース・ベネディクト著 長谷川松治訳(二〇〇五)二三一頁。
(一〇九) ルース・ベネディクト著 長谷川松治訳(二〇〇五)二三三頁。
(一一〇) ルース・ベネディクト著 長谷川松治訳(二〇〇五)二三二頁。
(一一一) 副田(一九九三)二六七頁。
(一一二) 副田(一九九三)二六三頁。
(一一三) ルース・ベネディクト著 長谷川松治訳(二〇〇五)二三八頁。

（一一四）ルース・ベネディクト著　長谷川松治訳（二〇〇五）二六五頁。
（一一五）副田（一九九三）二八三頁。
（一一六）森（二〇〇二）一四一―一四三頁。
（一一七）ルース・ベネディクト著　長谷川松治訳（二〇〇五）二七三頁。
（一一八）副田（一九九三）三九六頁。
（一一九）ルース・ベネディクト著　長谷川松治訳（二〇〇五）三〇四頁。
（一二〇）ルース・ベネディクト著　長谷川松治訳（二〇〇五）三〇七頁。
（一二一）ルース・ベネディクト著　長谷川松治訳（二〇〇五）三〇八頁。
（一二二）ルース・ベネディクト著　長谷川松治訳（二〇〇五）二八四頁。
（一二三）ルース・ベネディクト著　長谷川松治訳（二〇〇五）二八五頁。
（一二四）副田（一九九三）三三九頁。
（一二五）副田（一九九三）三四六頁。
（一二六）ルース・ベネディクト著　長谷川松治訳（二〇〇五）三三三頁。
（一二七）ルース・ベネディクト著　長谷川松治訳（二〇〇五）三五〇頁。
（一二八）ルース・ベネディクト著　長谷川松治訳（二〇〇五）三五六頁。
（一二九）副田（一九九三）三六二頁。
（一三〇）ルース・ベネディクト著　長谷川松治訳（二〇〇五）三六三頁。
（一三一）ルース・ベネディクト著　長谷川松治訳（二〇〇五）三六三頁。
（一三二）ルース・ベネディクト著　長谷川松治訳（二〇〇五）三六四頁。
（一三三）ルース・ベネディクト著　長谷川松治訳（二〇〇五）三七二頁。
（一三四）ルース・ベネディクト著　長谷川松治訳（二〇〇五）三八八頁。
（一三五）ルース・ベネディクト著　長谷川松治訳（二〇〇五）四一〇―四一四頁。
（一三六）副田（一九九三）八四頁。
（一三七）副田（一九九三）三九七頁。

(一三八) 副田(一九九三)一一〇頁。
(一三九) 副田(一九九三)一一〇頁。
(一四〇) 副田(一九九三)二六七頁。
(一四一) 副田(一九九三)三七一頁。
(一四二) ルース・ベネディクト著 長谷川松治訳(二〇〇五)二七三頁。
(一四三) ルース・ベネディクト著 長谷川松治訳(二〇〇五)二七四頁。
(一四四) 副田(一九九三)二七九〜二八三頁。 作田(一九六四)
(一四五) 作田(一九六四)二三頁。 副田(一九九三)二八三頁。
(一四六) 作田(一九六四)二三頁。
(一四七) ルース・ベネディクト著 長谷川松治訳(二〇〇五)二七三頁。
(一四八) ルース・ベネディクト著 長谷川松治訳(二〇〇五)二七三頁。
(一四九) 副田(一九九三)二八四頁。
(一五〇) 森(二〇〇二)一四二頁。
(一五一) 森(二〇〇二)一四二頁。
(一五二) 森(二〇〇二)一四二頁。
(一五三) ルース・ベネディクト著 長谷川松治訳(二〇〇五)二七四頁。
(一五四) 副田(一九九三)二七六頁。
(一五五) 祖父江孝男、我妻洋(一九五九)
(一五六) 祖父江孝男、我妻洋(一九五九)七七頁。
(一五七) 副田(一九九三)二七七頁。
(一五八) 副田(一九九三)二七七頁。
(一五九) 副田(一九九三)二八九頁。
(一六〇) 森(二〇〇二)一四三頁。
(一六一) 森(二〇〇二)一四三頁。

(一六二)　ルース・ベネディクト著　長谷川松治訳（二〇〇五）二七三頁。
(一六三)　副田（一九九三）四二頁。
(一六四)　副田（一九九三）四二頁。
(一六五)　副田（一九九三）四三頁。
(一六六)　副田（一九九三）四〇五頁。
(一六七)　副田（一九九三）三六六頁。三七〇頁。
(一六八)　ルース・ベネディクト著　長谷川松治訳（二〇〇五）二八三―二八四頁。
(一六九)　副田（一九九三）三三九頁。
(一七〇)　ルース・ベネディクト著　長谷川松治訳（二〇〇五）三〇五頁。
(一七一)　ルース・ベネディクト著　長谷川松治訳（二〇〇五）二八八頁。
(一七二)　ルース・ベネディクト著　長谷川松治訳（二〇〇五）三〇五頁。三〇七頁。
(一七三)　副田（一九九三）三三五頁。
(一七四)　ラミス（昭和五六）一〇二頁。
(一七五)　Margaret Mead（一九五九）　ラミス（昭和五六）一〇五頁の訳による。
(一七六)　ラミス（昭和五六）一〇五頁。
(一七七)　Margaret Mead（一九五九）　四七四頁。　ラミス（昭和五六）一〇六頁の訳による。
(一七八)　Margaret Mead（一九五九）　四七六頁。　ラミス（昭和五六）一〇六頁の訳による。
(一七九)　ラミス（昭和五六）一〇七頁。
(一八〇)　ラミス（昭和五六）一〇七頁。
(一八一)　Margaret Mead（一九五九）九九　頁　ラミス（昭和五六）一〇七頁。　死それ自体が安息なのではなく、「生」中に「死」を想像することが生きる励ましになることが述べられている。
(一八二)　Margaret Mead（一九五九）　九九頁。
(一八三)　ルース・ベネディクト著　長谷川松治訳（二〇〇五）二七四頁。
(一八四)　ラミス（　昭和五六）一一〇頁。

（一八五） ラミス（昭和五六）一四九頁。
（一八六） Margaret Mead（一九五九）p.xxI ラミス（昭和五六）一四九頁。の訳
（一八七） ラミス（S．五六）一四九頁。
（一八八） ルース・ベネディクト著 長谷川松治訳（二〇〇五）二七八頁。「たとえほんのわずかでも………彼らは二度と昔の要求に応ずることはできない。」
（一八九） ラミス（昭和五六）九二頁。
（一九〇） ラミス（昭和五六）一五〇頁。
（一九一） ラミス（昭和五六）一六九頁。
（一九二） ラミス（昭和五六）四一頁。

〔引用文献・参考文献〕

副田《そえだ》義也（一九九三）『日本文化試論 『菊と刀』を読む』新曜社
土居健郎《たけお》（昭和四六）『『甘え』の構造』弘文堂
ベネディクト・米山俊直訳（一九七三）『文化の型』社会思想社
マーガレット・ミード著 松園万亀雄訳（昭和五二）『人類学者ルース・ベネディクト—その肖像と作品—』社会思想社 二 ベネディクトについて の章はミードによるこの本の内容に負うところが大きい。
森貞彦（二〇〇二）『『菊と刀』再発見』東京図書出版会
Ruth Benedict The Story of My Life in An Anthropologist at Work Writing of Ruth Benedict By Margaret. t Mead, Houghton Mifflin Company 一九五九 九九頁 副田《そえだ》義也（一九九三）二三一頁 の訳による。
ルース・ベネディクト著 長谷川松治訳（二〇〇五）『菊と刀 日本文化の型』講談社 講談社学術文庫一七〇八
吉田金彦（平成一五）『日本語ことばのルーツ探し』祥伝社 黄金文庫
米山俊直（一九七三）「解説 ルース・ベネディクト—その生涯と学説」 ベネディクト・米山俊直訳（一九七三）所収
ルース・ベネディクト著 長谷川松治訳（二〇〇五）『菊と刀 日本文化の型』講談社 講談社学術文庫一七〇八
夏目漱石（一九七八）「現代日本の開化」夏目漱石（一九七八）所収

夏目漱石（一九七八）『私の個人主義』講談社　講談社学術文庫
作田啓一（一九六四）「恥の文化再考」作田啓一（一九六四）所収
作田啓一（一九六四）『恥の文化再考』筑摩書房
祖父江孝男、我妻洋（一九五九）『国民の心理―日本人と欧米人』講談社
An Anthropologist at Work -Writing of Ruth Benedict By Margaret Mead, Houghton Mifflin Company, 一九五九
C・ダグラス・ラミス　加地永都子訳（昭和五六）『内なる外国『菊と刀』再考』時事通信社

第六章　自然観に関する比較文化学的研究
―西洋・中国・日本について―

一　序

「自然」という言葉は“nature”（英・仏）、“Natur”（独）から翻訳された日本語であり、それはギリシア語“υσιξφ”（フュシス）のラテン語訳“natura”から派生した言葉である。日本語の元来の「自然」は「じねん」と読まれ、「オノズカラ」の意味（場合によっては「万一、ひょっとして」の意味のこともある）を持っていたが、明治期の西洋語の翻訳によって「山川草木」を意味する言葉にもなった。「自然」がどうして“nature”の訳語として使用されるようになったかは判然としないが、おそらく“nature”の持っている物の「本性」や「本質」という性格が、作為や人為の加わっていない「自然」と共通するところがあるので、これを使用したのではないかと思われる。（一）「自然」の意味、語源は以上のようなものであるが、西洋・中国・日本の自然観にはどのような異同と類似があるのか、本章ではそのことを比較文化学的に論じてみたいと思う。西洋の自然観から始めることにする。

二　西洋の自然観について

ギリシア語の“φυσιξ”（フュシス）は“φυησθι”という動詞から作られたもので「生ずる」「生成する」「成る」と

いう意味を持ち、ラテン語の“natura”も「生まれる」「生ずる」という意味の“nascor”という動詞に由来する。ギリシア語の“φυσιξ”（フュシス）は生命に満ちた、生成する有機的な自然であり、人間をその構成要素として内に包む自然であった。古代ギリシア人における自然は物質・生命・人間・国家・神等、一切のものを包みこむ生きた統一体であり、生命的な原理であると考えられた。[二]

もっとも“φυσιξ”（フュシス）については実体的な「自然界《ネーチュア》」というよりは「存在のいわれ」「実在の原理」といった抽象的内容の言葉であり、古代日本のやまと言葉の「うみなす」とか「むすひ」に近く、「おのずから」の意と大差ないとする考えもある。[三]では、古代ギリシア語で現代の「自然界《ネーチュア》」にあたる言葉はなにかと言うと、むしろ“κοσμοξ”“kosmos”（コスモス）がそれに当たるが、コスモスは「フェシスのもつ自成・自生の意味はなく、規則性や装飾性を内容とする言葉」であり、たとえばデモクリトスは「教養は、幸福な者には飾り《コスモス》だが、不幸な者には逃避である」というように使っている。[四]

プラトンも自然を指し示す言葉として、コスモスを用い、比喩的に“ουρανοξ”（ウラノス、天）とか“θεοξ”（神）とも言ったが、コスモスという言葉は第一義的には秩序づけられていること、そしてそれに結びついた美を意味し、第二義的にはこの秩序が現れる世界全体を意味する。プラトンが宇宙を構成するに際して、「体系」（＝「目標に合わせて配置された意図的な構成」）の概念を導入したことは、以後の自然理解の展開に対して決定的な土台を築いたと言え、それはロゴスの重視と数学の重視という点で重要な意味を持っていた。[五]

プラトンの『ティマイオス』においては宇宙は生き物であって、すべての生き物が属する一つの生き物であり、魂（“ψυχη, Seele”）は生命の有機体の原理であり、全宇宙の生命や有機的組織は世界霊（“Weltseele”）に根拠を持っていたが、それに対してアリストテレスでは魂の活動が植物的・感覚的・知性的能力の特別なはたらきに限定され、生き物が植物・動物・人間に分類され、この限定によって今まで生命あるものとされた広大な領域が、生命のないものとなり、世界霊やデミウルゴス（神なる制作者）に代わって、自然（"φυσις"）が登場する。[六]

アリストテレスは感覚的に存在するものを①自然によって存在するもの、と②人工物（自然以外の原因によって存在するもの）、に分類し、自然によって存在するものは運動と静止の原理を己の内に持っていると言い、プラトンが自然を作られたもの、技術による存在であるとして数学的・構成的自然把握を提示したのに対し、アリストテレスは自然を自ら作るもの、生成する存在であるとして有機的自然把握を提示した。アリストテレスにおいては、生成（"γενεσις"）という概念が自然についてのさまざまな定義を分類し体系的に示す際に、主導的な概念であり、生成する存在としての自己活動的自然というアリストテレスの自然理解はソクラテス以前の人々の自然理解に結びついている。[七]

以上のようなプラトンとアリストテレスの相違はあるが、自然が古代ギリシア人においては生命等を包み込む生きた統一体として把握されていたことは事実であり、自然は「人間をその構成要素として内に包む自然」（既述）であった。

聖書に現れた自然観は以上の古代ギリシア人の自然観とは全くと言っていいほど異なっている。『旧約聖書』「創世記」冒頭の天地創造の由来は有名で、創造主が無から六日間かけて天地を創造した様が描かれている。創造主は光、空、地、星、動物、人間と日を追って造り、「産めよ、ふえよ、地に満ちよ、地を従わせよ」と言う。人間は創造主の姿に似せて造られる。古代ギリシア人の考えでは神々や人間は自然の内に包まれているが、聖書では自然は創造主によって造られたものであり、かつ人間によって統治されるべく、また人間に奉仕するべく造られたものである。[八]「創世記」の中には「ちりから創られた人間」というイメージもあるが、それはより古いイスラエル人の人間観であり、時とともに「神の似像」(imago Dei) としての人間というイメージへ推移していったのであろう。[九]人間は自然と同じ被造物ではあるが、「神の似像」として、自然を見下し、一段低い位置に自然を置き、自然を支配すべき存在である。それがキリスト教の人間観、自然観である。

古代ギリシアのヘレニズム的自然観とキリスト教のヘブライズム的自然観は中世に出会い、おおむねキリスト教的自然観が採用され、創造主としての神、被造物としての人間という位階秩序の観念が生じ、更に被造物としての人間は自然の上位に位置して、自然を支配し統治する資格を神から与えられていると考えられるようになり、こうした人間中心的なキリスト教的自然観の上に、自然を支配し利用するための自然科学が確立されていった。[一〇]自然を人間と対立するものとし、人間の支配と利用の対象と考えた西洋において科学や技術が発展したのはごく当然のことであった。[一一]

中世において「自然」は「オノズカラ」成ったものでも生まれたものでもなく、神によって創造されたものであり、中世ヨーロッパの文献において“natura”は『本性』の意味で用いられることがほとんどで、今日の自然にあたるものは“creatura”と書かれることが多かった。[一二]人間は神の言葉のみを聞くべきであって、小川のせせらぎの音や小鳥のさえずりに耳をかすことは悪魔の誘惑に乗ることだという神学支配のもとで、「自然」は「悪しきもの」とされた。[一三]「自然」を含む『自然法則』という語はトマス・アクイナスによって最初に用いられ、トマス・アクイナスは『神学大全』の中で『自然法則とは何か』quid sit lex naturalis を論じているが、[一四]この場合の「自然」は「人間の心的な本性、おのずからなる傾向」[一五]のことであり、人間を包む自然という古代ギリシア人的自然観の「自然」の意味は存在しない。大航海時代にヨーロッパ以外の地の自然に対する関心が高まり、『インド諸島の自然と道徳の歴史』（一五九〇年、ジョゼ・デ・アコスタ）や『インド諸島の一般的および自然的歴史』（一五三五年、デ・オビエト）（傍点筆者）といった書が著されたが、それらの「自然」は「ヨーロッパにはない珍奇な動植物の意に限られており」、「ヨーロッパ文明圏すなわちキリスト教圏以外の未知の世界や、神の恩寵にあずからざる野蛮界のことを、非文明的「自然」と見下した蔑称[一六]」にすぎないものであった。

中世から近世、近代への移行期にあたるルネサンス期における自然観は、ルネサンスの欲求や衝動は人間そのもの、あるいは人間の内面に向かっての道、すなわち人間性とその心情の内へと向かう方向と、それとは逆に人間の外部に向かう道、すなわち外なる現実や世界に向かう方向という二つの方向に向けられた[一七]。そして、内へと向かう方向は宗教改革的なものを志向した。他方、人間の外部へ向かう方向は歴史的・現実的な世界へ向かう方向と客観的な自然的世界に向かう方向の二つに分けて考えられる[一八]。後者の客観的な自然的世界に向かう方向、換言すれば「自然」の問題をめぐる知的関心の方向については、ルネサンス期における自然認識ないし自然学は、①汎神論的あるいは生命論的な自然把握とも言うべき立場②神秘的ないし神智学的な自然把握③「科学的」と呼びうる傾向――の三つの傾向ないし立場に整理できるのであるが[一九]、ルネッサンスにおいて自然の問題は神―自然―人間という大きな連関のうちで全体知として探求され、考察されているとともに、個々の自然物の中に神の支配ではなく自然性を見い出し、「人間」という自然物の中に自然性を発見し、日常生活に根ざした日常的世界観の世界で、したがって文学や美術の世界で自然性を見い出し、それがダ・ヴィンチやデューラーやグリューネハルトやミケランジェロなどの人体画や人体彫刻の徹底した物質感にあらわれている[二〇]。ルネサンスは個々の自然物の中に自然性を見い出したのである。

中世において、自然は人間の下位にあり、人間に奉仕するものと考えられたが、同時に生命に満ちあふれたものであり、まだしも「生きた自然」であった。しかし、近代に入ると「機械的に動く物質的な自然」、つまり「死せる自然」へ変貌していく[二一]。この西洋の近代的自然観を確立したのがフランシス・ベーコンとデカルトである。

ベーコンは人間は罪に堕ちることにより無垢の状態を失ったのみならず、被造物に対する元の支配を失ったが、無垢の状態は「宗教と信仰」によって、自然の支配は「技術と学問」によって取り戻せるとし[二二]、人間は理性に基づいて自然に対する支配を確立しなければならないと言う。そして自然の解明と支配のための具体的にして実用的な学問を求め、その方法としてノヴム・オルガヌム（新機関、すなわち論理学）を提唱した。アリストテレスの演繹法、すなわち三段論法に基づくオルガヌムに対抗して、実験と観察に基づく帰納法を提唱したベーコンは、アリストテレスが「知のための知」「学問のための学問」を求めたのに対して、「自然を支配し利用するための科学」を求め、[三三]科学における自然と人間の関係を法廷の状況にたとえ、探求する人間を真理を求める裁判官に、探求されるべき自然を告発された人間にたとえて、自然の秘密を明らかにするために、自然に暴力や苦痛を与えなければならないと言う。[三四]また、デカルトは自然を自我、すなわち認識主体にとってまったく他者として見、無機的で機械的な世界と考え、幾何学的な延長と運動からなる一種の大仕掛けの機械と考えた。デカルトは自然を自律的・生命的原理を欠いた単なる機械的物質の世界と見なし、その死せる物質世界を外から客観的に分解、分析することによって、その原理・法則を発見し、自我を統御し支配しようとした。[三五]自然支配の思想は一八世紀の啓蒙思想における無限の進歩という思想と結びついて、科学や技術の産業化を生み、科学は人間の欲望に奉仕する傾向を持つようになっていった。[三六]

以上の中世から近代にかけての人間中心的な自然支配の自然観に対して、西洋自然観の異端として「神即自然」と考える汎神論の立場をとるスピノザやその継承者であるシェリング（根本的実在を「絶対者」と考え、絶対者は主観＝客観であるとする）、ヘーゲル（個々の有限者を絶対者自身のあらわれと考え、一切のものを理性的であるとする）が存在するが、両者とも精神の自然に対する優位という思想は保持している。[三七]

現代科学の自然観は機械的思惟の到達点としての自然の技術化の中に見られ、それは遺伝子工学によって生物学的領域を占拠しようとしている。現代は単なる機械の時代ではなくて技術の時代であると言えよう。現代において、科学の自然観の一人歩きへの危惧の念を多くの人が持っており、生命倫理とともに倫理的自然観の確立が要請されている。

ギリシアは措《お》くとして、西洋の中世から近代にかけての人間中心的な自然支配の自然観は西洋の自然観を特徴づけるものであるが、中国における自然観は少なくとも自然支配の自然観ではなく、人間との連続性を意識した自然観であったと考えられる。

三　中国の自然観について

「自然」という語については元来、中国では「（聖人は）万物の自然を輔《たす》けて敢て為さず」（『老子』第六四章）、「物の自然に順いて私を容るる無し」（『荘子』応帝王篇）と言うように「オノズカラ」の意で用いられ、「自然」の二字だけをそれだけで人間を取り巻く外界としての自然の世界もしくは存在物の意味に用いることは、漢代以前の古典時代の中国語には全く見られない。(二八)

中国における原始的自然観は農業の発展と深い関係があり、殷代には暦法が既に備わっていて、周も農業を重んじた。『書経』「洪範《こうはん》」の『庶徴《しょちょう》』の説は君主行為の善悪が天候の良否に関係するとの思想であるが、それは国是として農を重んじる以上、農政の責任は王が負うべきであるという思想の表れであった。「庶徴」とは「雨」「暘」（晴天）「燠」（暖気）「寒」「風」の五者が「時」（時候）に従って種々の徴験を顕すことで、それに「休徴」（休は美）と「咎《きゅう》徴」（咎は悪）があり、君主の明哲か愚昧なるかによって晴雨寒暖風が時候に応ずるかどうか変わるとするものである。「咎徴」には旱魃や陰雨暴風等天候の不順が含まれる。君主の徳行如何を見て天が之に禍福を降すとの宗教思想が潜んでおり、この『庶徴』の説はやがて董仲舒《とうちゅうじょ》の『天人相與《てんじんそうよ》』の説として中国の古今を貫く一大自然観となる。(二九)

前漢に陰陽五行の理で「春秋」を説いた代表的学者が董仲舒である。董仲舒の考えはその著「春秋繁露」十七巻に顕れている。なぜ王徳と天地の変とが相関があるのかについて言う。「王道は天地人の三者を貫くもので、而して人道は天道に比すべく、天道は常に万物を利せんことを心がけ、之を養長するを以て仕事とし、春夏秋冬によって其の作用を為す。王者も亦常に天下を利せんことを心がけ、一世を安楽にするを以て仕事とし、好悪喜怒によって其の作用を為す。然らば王者の好悪喜怒と天の春夏秋冬とは同じである。天がこの四季を順調に出せば豊年であり、然らざれば凶年である。王者が此の四情を正しく出せば世は治り、然らざれば乱れる。此れを以て人理が天道に副ふことが了解できる」（王道通三篇）。「類を同じくするものは相感動する。（中略）天に陰陽有り、人にも亦陰陽有り、天地の陰気起れば人の陰気も之に応じて起る、人の陰気起れば天地の陰気も之に応じて起るはずである。若し雨を降らさんと欲せば人の陰気を動かせば天の陰気が起って雨となり、雨を止めしめんと欲せば陽気を動かせば陽気が起って晴れる」（同類相同篇）[三〇]。王道は天地人の三者を貫くものであるから、当然、三者は相互に影響し合うというのである。西洋に比べて自然は人間と密接な関係があるものとしてとらえられている。

古代中国には西洋のキリスト教のような天地創造の神話のたぐいは存在しない。しかし、中国においては儒教、仏教、道教が存在し、儒教と仏教が一貫して「理」の自然哲学を自己の立場とするのに対して、道教は基本的に「気」の自然哲学を自己の立場とした[三一]。仏教と道教は相互に、相手の「理」と「気」を非難しあう排他的な論議を多く行ったが、一二世紀以後、宋明の新儒教の時代になると、朱熹の理気説のように、両者を統合統一し、体系化しようとする動きが出ている事実は「理」と「気」の自然哲学が天地大自然の世界の成立と展開に関する解釈ないし認識においては共通の立場に立ち、思想哲学として類似の性格を持つことを示しており、その思想的基盤は「理」と「気」のいずれをも「自然」＝「オノズカラシカルモノ」として理解し、この「オノズカラシカルモノ」としての「自然」を「天」と「人」の世界のいずれにも共通して肯定し凝視し認識しようとする中国人の天地万物一体感であった[三二]。

インドの仏教学と唐の時代の中国仏教学の相違は後者が草木土石の自然物に対しても仏性（＝成仏）の可能性を肯定していることであり、夫れは天台宗中興の祖・荊渓湛然《けいけいたんねん》の『金錍論《きんぺいろん》』に「一草一木、礫一塵にも各おの一仏性あるなり」と説かれていることなどに見てとれるが、このような天地万物の一体感は『荘子』（知北遊篇）の「道は在らざる所無し（中略）螻蟻《けらむし》に在り（中略）てい稗《はい》に在り（中略）瓦礫にあり云々」の〝一切万物、悉有道性〟とも言うべき万物一体の「真」の哲学を媒介とするものである[33]ことを考えれば、中国の自然観には道教、仏教を超えて人間と自然を連続でとらえる考えが存在していると思われるのである。このことに関連して、次に儒教と老荘系（道教系）の自然観について考察してみることにする。

儒教系の古典には「自然」の二字はない。この「自然」は「オノズカラ」の意であるが、『易経』『書経』『詩経』『論語』『春秋』『礼記』に「自然」の語はなく、これらの書物では自然界のことは「天」「天地」と書かれている[34]。『論語』では全章約五〇〇の中で自然に関係することを述べているのは以下の三章だけである。「子在川上曰、逝者如斯夫、不舍晝夜――孔子は川のそばで言った、過ぎよくものはこの流れのようなもので昼も夜もとまるときがない」、「迅雷風烈、必變――はげしい雷や強い風のときには必ずつつしみ深くして躰のようすを改めた」、「夫何言哉、四時行焉、百物生焉、天何言焉――天は何かものを言うだろうか、何も言わずにいて、四季がめぐり万物が成長している[35]」。孔子は神秘的なものとともに自然の問題を意識的に排除したと考えられる。門人の樊遅《はんち》が農作業について教えを乞うと、孔子は「我は老農に及ばない」といいつっぱね、「樊遅はつまらない奴だ」と批判していることなどから、農業技術を軽視していたと考えられるし、人間の問題にあまりにも集中していたので、それ以外の問題、特に自然の個物の観察は無用とされ、むしろ人間の問題を考える上でじゃまになることとさえ考えられた[36]のであろう。もっとも孔子が自然について全く無思想であったわけではなく、孔子が天に対する熱い信仰を持っていたことは有名で、自然の中の神的なもの、大きな働きを認めて、それを天ということばに重ねていたことはまちがいなく、孔子以前に自然と神と人は一つのもので分離できなかったが、孔子は自然と神を分離できなかったとはいえ、不完全ながら人を分離する上で画期的な役割を果たしたと言える。(三七)関心の在りどころが違うのである。もっとも「オノズカラ」の意の「自然」の語が儒教の書物にないことには次のような厳しい批判もある。「儒教の〝自然嫌い〟は徹底している。そもそも「おのずからなる」状態を、倫理規範で規制し、「仁」だの「礼」だのによって金縛りにすることをのみ追求する儒教に、「おのずから」の意の「自然」の語がないのは当然なのであろう」。(三八)

老荘系の自然観はどうであろうか。『老子』『荘子』の中の「自然」の語は「オノズカラ」の意である。しかし、孔子とは異なり、自然を積極的にとりあげている。『老子』では「無名は天地の始めであり、有名は万物の母である」とし、無名から有名、すなわち天地ができ、その天地から万物が生まれるとし、「自然」は「無為（ことさらな行為をしないこと）であって、人間的な作為《しわざ》である「有為」と対立し、道から万物が出てくる働き方は無為自然であり、人間の行動が有為であるのとは違っている、人間に過失が多いのは有為のためであるから、道の働き方を模範として無為自然であるべきであるというのが『老子』の実践論である。(三九)自然を観察して一つの判断を下した上で、それを人生の模範としているのであるから、(四〇)孔子とは異なり、自然に積極的な意味を見いだしていると言える。『荘子』では『老子』以上に自然に関する記録があり、荘子は自然に因循することを目指し、自然の在り方に従って人間のこざかしい知恵や技巧をすてることを目論み、自然を統一的な秩序を持つものとし、永遠のもの、公平無私のものとして、人間世界の無秩序さ、一時的相対性、私的な主観性と対照的に見、そうした自然の根本に立つことを「道枢《どうすう》——道の中心」を得るとか「天鈞《きん》——自然の中心」に息《いこ》うとか言った。(四一)

自然観に関連するもので、中国に顕著なものとして挙げなければならないものに自然美の鑑賞がある。自然美の鑑

賞は①詩賦絵画と②趣味生活に分かれる。[四二]

①について。詩賦については、自然美の鑑賞はまず『詩経』に現れているが、人事を詠ずるにあたってその比喩として用いられている（たとえば周南「桃夭」の詩）のであって、自然美の鑑賞自体を目的とした詩はまだ発生していない。『楚辞』になると自然の観賞を直叙するものが多くなり屈原の詩は世に容れられぬ者がその友を自然美に見いだしている者の典型である。『楚辞』には「橘頌」のような詠物詩も存在する。魏晋の間に老荘的厭世思想が盛行し、自然に親しむ傾向が著しくなり、竹林の七賢が出現し、竹や松の酷愛が生じ、やがて東晋末、宋書に陶淵明、謝霊運が叙景詩人の鼻祖として出て、この頃から叙景が叙情詩の羈絆を脱して独立しうるようになった。[四三]その流れを酌んで山水田園を詠ずることを本領とする詩人として唐の王維、孟浩然、韋応物、柳宗元の四家が出現する。

絵画においても風景を描くことは東晋の頃から始まり、五代、宋、元の画風は自然の実景を手本として写実的である。もっとも理想主義も写実主義とともに存在し、この両者を併用したところに中国画の妙味があり、詩における詠物と性質がほぼ類似する花鳥画においても自然美の鑑賞に道徳的観念（理想）が加わるのが中国の特徴である。中国人は自然を写実的に、そして同時に理想を載せて把握したと言える。

②について。自然に模した趣味的な假山《かざん》（築山《つきやま》）は唐を経て北宋に至り発達し、北宋末に徽宗《きそう》が汴京に築いた艮嶽《こんがく》なるものが最も盛大で有名であるが、巨大な怪石を随所に配置し、その状は自然中の最も奇なるものを模するに努め、神仙的理想も加えられたかのように見えるものである。庭石として最も愛されたのは太湖石型のもので、北宋末葉の米芾《べいふつ》は（庭）石を酷愛したと言われるが、石は假山の代用となるものであり、石の奇なるを愛玩することは文人趣味の一となっていた。

花木については菊・牡丹・芍薬・海棠を愛するのはその花の持つ美それ自身であるが、竹や梅・蘭の如きを愛する

のはその気品が主たるものであろうし、気品を論じるときは松が重んじられた。(四四)

賞玩用の魚としては金魚を第一とするが、この魚は宋代に初めて現れた。植物、金魚に対して人工的に変種を作るのに中国人は長じており、また、その鑑賞も早くから進歩していたが、それは「天地の化育を賛して天地と参するもの」(四五)と言え、中国では自然を賛美し自然に没入するとともに、それに手を加えることにも深い関心があったことを物語っている。

四　日本の自然観について

以上、西洋・中国の自然観を概観してきたが、西洋の自然観が近代において人間中心的に自然を服従させ、支配しようとしていたことはフランシス・ベーコンが自然に暴力や苦痛を与え自然の秘密を明らかにしようとしたことに端的に表れている。

他方、中国の自然観は儒、仏、道との関係でとらえられ、儒教は〝自然嫌い〟で、道教が「無為自然」を尊重し、唐時代の仏教は草木土石に仏性(＝成仏)の可能性を肯定した。中国では「自然」は「天」や「人」と相互に密接な関係を持っていたと言えるが、支配者の道具としての儒教が表の中心であったから、「自然」(＝オノズカラナルモノ)が表の中心になることはなかったが、尊重される基盤としての道教や仏教が裏に存在した。

次に、以下、日本の自然観を歴史的に考察し、論じてみたいと思う。

まず、日本の古代の自然観の歴史的検討、考察から始めることにする。(四六)

古代の日本人は、自然を呪力に満ちた存在とみなし、自然の至るところに霊魂が宿ると信じた。三輪山《みわやま》のように山自体がご神体となる場合さえあった。**神―霊魂―自然―人間**　は断絶することなく、連続性でとらえられ、自然は多神教的神々の活躍する世界であった。自然＝神々のはたらきを神格化したものがムスヒの霊力である。「自然」の語は八世紀の『古事記』『日本書紀』『万葉集』などにはなく、[四七]『枕草子』『源氏物語』の「自然《じねん》」は「オノズカラ」の意である。[四八] 自然のはたらきを神々のはたらきとするところでは、「内的自然」「内なる自然」のありように非常な関心が払われ、「清明心」が尊ばれた。素朴な古代の自然観に新しい展開への刺激を与えたのが、中国の宗教や美術、具体的には仏教、特に空海による真言密教の受容、天台本覚論における草木国土悉皆仏性の思想の展開と中国の六朝や初唐の詩から受けた花鳥歌成立への刺激であった。[四九]

　古代末期から中世にかけての自然観における重要なことがらは「花鳥風月」的自然観が成立したことである。それは花や鳥に呪力があると考えられ祝頌、招魂のために歌われた『万葉集』の花鳥歌を淵源とするが、『古今和歌集』の成立（九〇五年）から近世の成立にわたる七〇〇年間に近い間の『花鳥風月』的自然観は、『新古今和歌集』の成立（一二〇五年）まで（前期）とそれ以後（後期）に分けることができる。[五〇] 前期は「花鳥風月」的自然観が成立した時期で、『古今和歌集』によって四季の部立が成立し、時の移ろいの中で「はかなし」「あはれ」と感ずる心が生まれ、『古今和歌集』では秋の歌を中心とするようになり、「花」と言えば万葉のように梅を指すのではなく桜を指すようになった。とはいえ、前期の世界は四季折々の色あざやかな世界を基調としており、その「花鳥風月」的自然観は『新古今和歌集』を境として全く異なる様相を示し始める。後期には桜や紅葉の色彩の美しさを消した秋の夕暮れがこよなく美しい世界として描かれるようになり、俊成、鴨長明によって「幽玄」が美の一つとして重んじられ始め、定家によって「余情」の美が高く評価され始める。一五世紀には①色あざやかな彩色の世界から墨一色の単色の世界への変化②自然の模写から自然の再構成への変化（山水庭園から枯山水庭園への変化）③冬の否定美の発見――へと「花鳥風月」的自然観は変化していく。③の根底には禅の無心の考え方がある。

中世において「外なる自然」と「内なる自然」は連続、統一でとらえられている。道元は「一切衆生悉有《しつう》仏性《ぶっしょう》、如来常住無有《むう》変易《やく》」を「悉有は仏性なり、悉有の一悉を衆生といふ」と読み替える、つまり「一切の有は仏性であり、その（一切の有の）なかの一つを衆生という」と言う。山川草木・森羅万象そのものが仏性そのものだと言うのである。（五一）現実の山川草木としての自然がそのまま仏の現成であり、またその自然の一部としての衆生も仏であると言うとき、「外なる自然」と「内なる自然」は連続している。親鸞の晩年の思想は「自然法爾《に》」であり、親鸞にとって「自然」は人為や作為に対する言葉であって、「オノズカラ」の意であった。「自然法爾」とは「罪悪深重の凡夫が弥陀の誓願を信ずることによってそのまま如来等同の存在となり、仏性さながらの存在になる」ということを「自然」という角度から非常に単純化して言ったものである。（五二）究極的実在たる「無上仏」（＝法身仏）を「自然」と呼び、衆生が一切のはからいを捨てて心から信じたときの我々のありようも「自然法爾」であると言うとき、（五三）そこにおいて「内なる自然」は「外なる自然」と連続している。日蓮も「開目抄」で「我並びに我が弟子、諸難ありとも疑う心なくば自然《じねん》に仏界にいたるべし」と述べ、疑いがなければ「自然」＝「オノズカラ」と仏界に至ると「自然」を尊重している。「外なる自然」と「内なる自然」を連続してとらえる基盤には「自然」を「オノズカラ」としてとらえる考えが存在しており、「オノズカラ」としての「自然」を良きものとして考える精神的基盤が存在する。

近世の自然観で注目すべきことは花鳥風月的自然観の変容と朱子学の受容に伴う哲学的・自然科学的自然観の成立の問題である。（五四）

花鳥風月的自然観の変容とは花鳥風月を大胆にデザインした花札が作られたことに象徴されるように、花鳥風月の世界が回復し保持されたことを指すが、それはかつての花鳥風月の世界の背後にあった無常観や無常観を教義的に支えた仏教が色あせた中で行われた。「憂き世」が「浮き世」に転換した時代が近世であった。花鳥風月はかつての

「風雅」の世界ではなく、「酒食の興」を催す媒《なかだ》ちとなり下がったのである。そうした中で本来の花鳥風月的な自然との交わりを失わなかった細川幽斎、沢庵のような人々、更には芭蕉、良寛といった自然との美的・宗教的交わりを深めた人もいた。芭蕉は風雅の道の無用性を強調したが、それは近世における実学志向の社会状況の中で生じたものであり、そのことが芭蕉の花鳥風月の自然観を深めた。要するに「無情」の思いを失わなかった漂泊の人芭蕉や隠逸の人良寛のような人々だけが定型化しマンネリ化した花鳥風月の世界ではなく、美的宗教としての花鳥風月の世界を創造的に深めていったのである。(五五)

近世における朱子学の受容は日本人の自然観に二つの点で大きな影響を与えた。第一にそれは「外なる自然」「超越的自然」と「内なる自然」を統合する哲学的視点を日本人に教え、第二に自然科学的志向への大きな刺激を与えた。第一については朱熹が宇宙の究極的実在たる「無極而太極」(理)が万物の中にも(理)、人間の中にも(性)宿るとして「外なる自然、超越的自然」と「内なる自然」を統一的に捉える思考体系をつくった。崎門学派や貝原益軒、古学派の人々がこの朱子学と格闘した。第二については貝原益軒が理を「気の理」とし、経験合理主義の立場をとったこと等を指している。(五六)

近代日本の自然観の問題は有機体として自然を捉え、自己もまた自然の一員としていた伝統的自然観と西洋近代の自然観をどう関係づけるかということであった。それは文学の世界でより深刻であった。日本の近代文学は近代科学の影響下にあったリアリズムの文芸思想の下《もと》に成立した。子規は俳句の世界に「写生」の考えを導入したが、その基礎には宗教的自然観の基礎の上にあった花鳥風月のフィルターをはずして自然をリアルに見ようとする考えが存在した。(五七)本格的に花鳥風月のフィルターをはずして、自然を新たに把握しようとする動きはリアリズム批判として成立したロマンティシズムの影響下に起こった。その派の代表たる国木田独歩はワーズワースが機械論的自然観に幻滅しフランス革命に失望して「自然」を神格化したように、政治の季節が終わり、リアリズムの文学運動に満たされない気持ちを抱《いだ》いて自然を神格化した。しかし、産業社会の発展の中でリアリズムは否定されえず、自然も「風景」としてとらえられるようになった。自然は運命と同義となり、それへの「諦め」が自然への最終的態度であったと言える。それは伝統的な自然受容の態度への回帰であった。(五八)

漱石は晩年、「自然」という言葉の代わりに「天」という言葉を使用したが、その理由は自然という言葉が近代においては天地、山川草木を意味するので、超越的契機に乏しかったからである。西田幾多郎は究極の宗教的実在を神としたが、西田の言う神は「精神と自然とを合一したもの」であり、「宇宙の大精神」であった。それは「無」でありつつ、いや「無」であるがゆえに「宇宙の統一者」であり、人間学的には「無限の愛、無限の喜悦、平安」であった。両者は自然を超える超越的実在を探求したが、それはキリスト教的な神ではなく、自然との連続性を保っているところに、日本における超越者観念の自然的性格が存在した。(五九)

寺田寅彦は「日本の自然界が空間的にも時間的にも複雑多様であり、それが住民に無限の恩恵を授けると同時に又、不可抗な威力をもって彼等を支配する、その結果として彼等はこの自然に服従することによってその恩恵を十分に享楽することを学んで来た、この特別な対自然の態度が日本人の物質的並に精神的生活の各方面に特殊な影響を及ぼした」(六〇)と言う。「自然に服従する」と言うが、それは「自然に順応する」ことと同義であり、「その恩恵を十分に享楽する」とは食物の季節性、つまり「はしり」や「しゅん」を貴び、「空気の流通が良くてしかも雨や風の侵入を防ぐ」「蓑《みの》」を身にまとい、地震、台風の襲来に耐えるために平屋造りか二階建ての木造家屋を作り、自然の中に抱かれ自然と同化した気持ちを楽しむために住居に庭を作ったことを意味する。

西洋の自然観では自然は文化と対立する野蛮状態と考えられ、人間の手によって加工され、改良されるべき対象と考えられる。それに対して、中国では老荘思想の影響もあり、はからいのない、ありのままの姿として自然が尊重される面があった。もっともそれは裏の思想であり、表の思想である儒教は「自然」＝「おのずからなる」状態を倫理規制し「仁」や「礼」によって人間を縛ることを主張した。他方、日本では「オノズカラ」としての「自然」を尊重する思想が根底に存在していて、人間の手の加わらない本来の姿のままの状態を重んじた。(六二)

また、西洋では自然は我々の外に対立して存在するものであるが、中国では自然と自己はもともと一体にして不二であると考えられていて、自然と自己の二元的対立はない。もっとも儒教は「自然」よりは「人間」に強い関心を払ったので「自然」に言及することは少ない。日本でもおおむね、中国と同様に自然と自己を一体不二と考える。中国、日本では自己を滅却し自然の中に没入して自己と自然が一体化する。否定されるべきは自然ではなく自己の方である。西洋では基本的に自然を自己に従わせようとする考えが存在する。

更に、西洋では自然は神の被造物であり、神とは別個の存在であり、「神の似像」としての人間とも別個の存在である。自然は人間のために存在しているのであって、自然は神聖なものではない。中国、日本では自然は神聖なもので自然を自己の揺るぎない母胎と見なし、自己の心の平安と憩息は自然との親しみや和らぎの中にこそあると考える。(六三)

西洋と中国、日本の自然観の相違はおおむね、以上のようにまとめることができるであろう。

五　結び

以上、自然観の比較文化学的研究によって、「自然」が元来「オノズカラ」、「自成・自生」の意味であるという共通点はあるが、西洋ではキリスト教の影響で、中国では儒教、仏教、道教の影響により、日本では中国の影響と「オノズカラ」の意の尊重により、それぞれ独自の自然観を形成してきたものと考えられる。

一九四五年の敗戦後、日本人にとって自然とは、とりわけ高度経済成長の最中《さなか》では、征服と破壊の対象でしかなかった。そのためにひずみも生じた。しかし、西洋流の自然の支配者という観点から自然を破壊し続けながらも、同時に日本人は自然への精神的依存を保ち続けてきた。寺田寅彦の言うように日本人は「自然に服従することによって、その恩恵を十分に享楽することを学んできた」。換言すれば「恐怖としての自然」と「恵みとしての自然」の両方と伝統的に上手につき合ってきたのである。自然と対立し、自然を支配しようとする考えが全世界的な環境問題を引き起こし、人類の未来に暗い影を投げかけている昨今、自然を尊重し、自然と上手につき合っていく方法を模索している現在の世界において、過去の日本の自然とのつき合い方は大きく世界の自然観の転換に寄与するところがあるのではないか。日本はエコ大国として世界に貢献し、顔の見えない経済大国としての日本を止揚していくべきである。もっとも、拝金主義と富の不当な一部への偏りが前提にある社会では、エコも名聞名利と「金儲け」のために利用される。我々はその面も注視し、あるべき方向へ忍耐強く歩み続けなければならない。

〔注〕

(一)　小坂（二〇〇八）二三六—二三七頁。
(二)　小坂（二〇〇八）二一六—二一七頁。
(三)　寺尾（二〇〇二）二四八頁。
(四)　寺尾（二〇〇二）二四九頁。
(五)　鼓（二〇〇二）三〇四頁。
(六)　鼓（二〇〇二）三〇四頁。
(七)　鼓（二〇〇二）三〇五頁。
(八)　小坂（二〇〇八）二一七—二一八頁。

（九）小坂（二〇〇八）二一八頁。

（一〇）小坂（二〇〇八）二一九頁。

（一一）小坂（二〇〇八）二二〇頁。

（一二）小坂（二〇〇八）一〇頁。

（一三）寺尾（二〇〇二）二六〇頁。

（一四）坂本（二〇〇二）二四五頁。

（一五）寺尾（二〇〇二）二六〇頁。

（一六）寺尾（二〇〇二）二六一—二六二頁。

（一七）薗田（二〇〇三）七八頁。

（一八）薗田（二〇〇三）七八—七九頁。

（一九）薗田（二〇〇三）七九—八一頁。

（二〇）寺尾（二〇〇二）二八三頁。

（二一）小坂（二〇〇八）二二一頁。

（二二）鼓（二〇〇二）三一一頁。

（二三）小坂（二〇〇八）二二一—二二二頁。

（二四）鼓（二〇〇二）三一一頁。

（二五）小坂（二〇〇八）二二四頁。

（二六）小坂（二〇〇八）二二四頁。

（二七）小坂（二〇〇八）二三〇—二三二頁。

（二八）福永（一九八五）三二一頁。

（二九）青木（S・四五）五五四頁。

（三〇）青木（S・四五）五七〇-五七一頁。

（三一）福永（一九八五）三三八頁。

（三二）福永（一九八五）三三八—三三九頁。

(三三) 福永（一九八五）三四三頁。
(三四) 寺尾（二〇〇二）一七七頁。
(三五) 金谷（一九九七）二一二―二一三頁。
(三六) 金谷（一九九七）二一四頁。
(三七) 金谷（一九九七）二一四―二一五頁。
(三八) 寺尾（二〇〇二）一七八頁。
(三九) 金谷（一九九七）二一六頁。
(四〇) 金谷（一九九七）頁。二一六頁。
(四一) 金谷（一九九七）頁。二一七頁。
(四二) 青木（昭和四五）五七四―五九一頁。以下の既述はおおむね青木正児の既述による。
(四三) 青木（昭和四五）五七八―五七九頁。
(四四) 青木（昭和四五）五八八頁。
(四五) 青木（昭和四五）五九一頁。
(四六) 主として源了圓（一九八五）「日本人の自然観」を基礎とした。
(四七) 寺尾（二〇〇二）二〇〇頁。
(四八) 寺尾（二〇〇二）二〇二―二〇三頁。
(四九) 源（一九八五）三五二頁。
(五〇) 源（一九八五）三五三頁。
(五一) 小坂（二〇〇八）二五四頁。
(五二) 源（一九八五）三五八頁。
(五三) 源（一九八五）三五八頁。
(五四) 源（一九八五）三六〇頁。
(五五) 源（一九八五）三六〇―三六一頁。
(五六) 源（一九八五）三六二―三六五頁。

(五七) 源（一九八五）三六八頁。

(五八) 源（一九八五）三六九頁。

(五九) 源（一九八五）三七〇―三七一頁。

(六〇) 寺田（一九九二）六〇六頁。

(六一) 以下の東洋の自然観と西洋の自然観の対比は主として小坂（二〇〇八）の二六五―二六七頁に負うところが大きい。

(六二) 小坂（二〇〇八）二六七頁。

(六三) 源（一九八五）三七一頁。

〔引用文献・参考文献〕

小坂国継（二〇〇八）『西洋の哲学・東洋の思想』講談社

寺尾五郎（二〇〇二）『「自然」概念の形成史』農文協

鼓澄治（二〇〇三）「五　ヨーロッパにおける自然理解の歴史」（編著池田善昭（二〇〇三）『自然概念の哲学的変遷』世界思想社所収）

池田善昭編著（二〇〇三）『自然概念の哲学的変遷』世界思想社

坂本賢三（一九八五）「コスモロジー再興」（大森荘蔵等編集（一九八五）『新・岩波講座・哲学　自然とコスモス』岩波書店所収）

大森荘蔵等編集（一九八五）『新・岩波講座・哲学　自然とコスモス』岩波書店

坂本賢三（二〇〇八）岩波全書セレクション『科学思想史』岩波書店

薗田坦（二〇〇三）「一　ルネサンスにおける「自然」――N・クザーヌスからJ・ベーメへ――」（編著池田善昭（二〇〇三）『自然概念の哲学的変遷』世界思想社所収）

福永光司（一九八五）「中国の自然観」（大森荘蔵等編集（一九八五）『新・岩波講座・哲学　自然とコスモス』岩波書店所収）

青木正児《まさる》（昭和四五）「民族考　支那人の自然観」（青木正児（昭和四五）『青木正児全集』第二巻　春秋社所収）

青木正児（昭和四五）『青木正児全集』春秋社

金谷治（一九九七）「中国古代における自然観」（金谷治（一九九七）『金谷治中国思想論集　上巻　中国古代の自然観と人間観』平河出版社所収）

金谷治（一九九七）『金谷治中国思想論集　上巻　中国古代の自然観と人間観』平河出版社

源了圓（一九八五）「日本人の自然観」（大森荘蔵等編集（一九八五）『新・岩波講座・哲学　自然とコスモス』岩波書店所収）
寺田寅彦（一九九二）「日本人の自然観」
寺田寅彦（一九九二）『寺田寅彦全随筆五』岩波書店
伊藤俊太郎編（一九九五）『日本人の自然観　縄文から現代科学まで』河出書房新社
R・G・コリングウッド　平林康之　大沼忠弘訳（一九七四）『自然の観念』平凡社
R・G・コリングウッド　平林康之　大沼忠弘訳（二〇〇二）『自然の観念』みすず書房
芳賀綏（二〇〇四）『日本人らしさの構造――言語文化論講義』大修館書店
斉藤正二（昭和五五）『日本人とサクラ―新しい自然美を求めて―』講談社
中西真彦・土居正稔二〇〇七）『西欧キリスト教文明の終焉』太陽出版
川崎謙（二〇〇五）『紙と自然の科学史』講談社
三浦國雄（一九九七）「中国の自然観」（梅原猛・後藤康男編（一九九七）『地球と人類を救う　東洋思想の知恵』ＰＨＰ研究所所収）
梅原猛・後藤康男編（一九九七）『地球と人類を救う　東洋思想の知恵』ＰＨＰ研究所

あとがき

私の「比較文化学」については従来の比較文化論とは異なる、客観性が基礎にある。既に何回か述べてきたが、母語（私の場合は日本語）と外国語の対照表現論を基礎としているのである。文学を専門とする者は語学をあまり勉強しない。語学を勉強する者は文学をあまり勉強しない。歴史を勉強する者は文学や語学をあまり勉強しない。その逆もまた真である。それぞれがそれぞれの専門の「お作法」で「研究」している。私はそうではないと思う。それぞれの専門は関連性がある。清水多吉という人のように文学を世相との関係で考察しようとする人もいる。私の比較文化学もそうした自由な研究の一つであると思う。

今の中国研究にしても、日本との関係で語学・文学・歴史を広く視野に入れて、比較文化学的に研究されているものはあるであろうか。そのうち理系のように、大学院生でも隣の学生が何を研究しているのか全くよくわからないという事態に陥るのであろう。英語の研究を基準としている日本語教育関係の研究者も日本の歴史や文学、文化について全く教養、素養のない者が多いように思うがどうであろうか。学問の専門化、細分化は今に始まったことではないが、それでは岡倉天心や内藤湖南の考えていたことを、一生、知らないで、わからないで終わるであろう。

私はもっと自分の興味のあることを中心にして研究したいと昔から思っていた。（そういう人間は大学に職を得るのは難しいであろう。それ以前に大学院に入れないであろう。）それにしても大学には非常に階級的、階層的で、権威的、権力的なところがある。自由人もいるであろうが、勝ち得た地位に安住している場合も多々ある。理系が強くなり、金銭的に多くを得る者が幅を利かし、そのうち大っぴらに軍事研究も金になるなら率先してするという、唾棄すべき輩が高い地位と肩書、金を得て、学内を闊歩する時代が来るのであろうか。私の杞憂であることを祈りたい。

本書は私の学問上の遺書のようなもので、一つの区切りとなる書である。これからは広い分野の読書にもとづいて、比較文化学的評論やエッセーのような文章を書いていきたい。比較文化学的なものとは一生、かかわっていくと思う。自己を相対化する比較文化学的な研究が伸展しない限り、隣国やアジア、その他の国との関係はよくなっていくことはないであろう。更に言えば、岡倉天心の不二一元論のような思想、根底における一が、目に見えるときには二として現れているというような考えが必要であろう。敵、味方を超えた考え、思想の重要性。それがないと世界はますます悪くなっていくであろう。最後に、記して私の予感とします。

二〇一八年七月三日

藤田昌志

初出一覧

新外国語教育論―比較文化学の視点―
……二〇一八年三月『三重大学国際交流センター紀要』第一三号　一―一一頁。

「えびす」等福神名の付く京都市町名について―日本（人）論との関係で―
……二〇一七年三月『三重大学国際交流センター紀要』第一二号　九五―一〇九頁。

『日本文化論』の研究
……二〇一六年三月『三重大学国際交流センター紀要』第一一号　四五―六一頁に一部（『日本文化論』の研究―明治以前・明治・大正―」）掲載。
……二〇一七年三月『三重大学国際交流センター紀要』第一二号　七九―九四頁に一部（『日本文化論』の研究―昭和・平成―」）掲載。

中国「反日」論と日本「反中」論
……二〇一八年三月『三重大学国際交流センター紀要』第一三号　一三―二六頁。

ベネディクトの日本論―人と『菊と刀　日本文化の型』の比較文化学的考察―
……二〇一七年三月『三重大学国際交流センター紀要』第一二号　一一一―一二六頁に一部（「ベネディクトの日本論―人と『菊と刀　日本文化の型』第一章―第六章の比較文化学的考察―」）掲載。
……二〇一八年三月『三重大学国際交流センター紀要』第一三号　二七―四一頁に

一部（「ベネディクトの日本論　―人と『菊と刀　日本文化の型』第七章―第一三章の考察とベネディクトの評価についての比較文化学的考察―）掲載。

自然観に関する比較文化学的研究―西洋・中国・日本について―
………二〇一八年三月『三重大学国際交流センター紀要』第一三号　四三―五八頁に一部、簡略化したものを掲載。

【著者紹介】

藤 田 昌 志（ふじた まさし）

現職：三重大学地域人材教育開発機構准教授。

専門：日中対照表現論　（日中）比較文化学　日本論　中国論　日本語教育

1978年大阪外国語大学（現大阪大学）外国語学部中国語専攻卒業。1981年国立国語研究所日本語教育センター日本語教育長期専門研修生修了。1993年大阪市立大学大学院後期博士課程中国文学専攻単位取得満期退学。

主要著書：(2002)『「独白文」15トピック（初級から中級へ）』にほんごの凡人社。(2003)『初級バリエーション―会話編　聴解・発話編―（「独白文」の視点）』にほんごの凡人社。(2004)『語彙　表現（中級レベル☆エッセンスⅠ）』にほんごの凡人社。(2005)『語彙　表現（中級レベル☆エッセンスⅡ）』にほんごの凡人社。(2007)『日中対照表現論―付：中国語を母語とする日本語学習者の誤用について―』白帝社。(2009)『日本語　語彙　表現（上級レベル☆エッセンスⅠ）』三重大学出版会。(2009)『日本語　語彙　表現（上級レベル☆エッセンスⅡ）』三重大学出版会。(2010)『日本の中国観―最近在日本出版中国関連書籍報告―（04.9-09.8）』朋友書店。(2011)『明治・大正の日中文化論』三重大学出版会。(2011)『日本の東アジア観』朋友書店。(2013)『日本語と中国語の誤用例研究』朋友書店。(2015)『日本の中国観Ⅱ―比較文化学的考察―』晃洋書房。(2016)『明治・大正の日本論・中国論―比較文化学的考察―』勉誠出版。(2017)『日中対照表現論Ⅱ―事例研究を中心として―』朋友書店等。

『比較文化学―日本・中国・世界―』

二〇一八年七月三日　第一刷発行

定価　三、二〇〇円（税別）

著　者　藤田昌志

発行者　土江洋宇

発行所　朋友書店

〒六〇六-八三一一　京都市左京区吉田神楽岡町八

電話（〇七五）七六一-一二八五

FAX（〇七五）七六一-八一五〇

E-mail:hoyu@hoyubook.co.jp

印刷所　株式会社図書印刷同朋舎

ISBN978-4-89281-169-2 C1030 ¥3200E